실무에서 바로 쓰는 비즈니스 영어 회화&이메일

시원스쿨 **LAB**

실무에서 바로 쓰는
비즈니스 영어 회화 & 이메일

초판 1쇄 발행 2019년 3월 18일
초판 7쇄 발행 2023년 10월 31일

지은이 조앤박 · 시원스쿨어학연구소
펴낸곳 (주)에스제이더블유인터내셔널
펴낸이 양홍걸 이시원

홈페이지 www.siwonschool.com
주소 서울시 영등포구 국회대로74길 12 남중빌딩 시원스쿨
교재 구입 문의 02)2014-8151
고객센터 02)6409-0878

ISBN 979-11-6150-229-8
Number 1-110303-02020400-06

PREFACE

Hello, Everyone!

실무에서 바로 쓰는 비즈니스 영어 회화 & 이메일 저자, Joanne Park입니다.

글로벌 시대에 살고 있는 현대인에게 영어 능력은 단순한 장점을 넘어 전세계 사람들과 소통하기 위한 필수 능력이 되었습니다.

매일 급변하는 글로벌 비즈니스 환경 속에서 비즈니즈와 커리어를 성공적으로 이끌기 위해서는 일상 영어 회화에서 한 발 더 나아가 전문적인 비즈니스 영어 소통 능력을 갖추어야 합니다.

"음, 비즈니스 영어는 내겐 좀 어렵진 않을까?"

이렇게, 비즈니스 영어가 어렵다는 인식을 갖고 계신 분들이 많습니다. 하지만, 제가 외국계 기업에서 근무하며 실무에 직접 사용했던 비즈니스 영어 어휘와 패턴, 문장들은 대부분 반복적이었으며, 쉽고 간편한 것들이었습니다. 다시 말해, 실제 업무 환경에서 사용되는 비즈니스 영어는 전혀 어렵지 않다는 것입니다.

[실무에서 바로 쓰는 비즈니스 영어 회화 & 이메일]은 비즈니스 환경에서 원활한 의사소통을 하는 데 기본적인 회화 표현과 더불어, 회의, 이메일, 프레젠테이션, 협상, 컨퍼런스 콜 등 고난도 업무 상황에도 즉시 활용 가능한 어휘와 표현, 문장틀을 체계적으로 학습하도록 설계되어 있습니다.

비즈니스 영어 회화를 시작하기에 앞서, 저와 한 가지 약속을 해주세요. 이 책은 한 번만 보는 것이 아닙니다. 소리 내서 반복 학습하시고 반사적으로 말이 나올 때까지 꾸준히 연습해 주세요. 그래야 실무에서 바로 사용할 수 있고 영어 업무가 정말로 편해질 겁니다.

그럼 지금부터, 저와 함께 성공적인 비즈니스 영어의 첫 걸음을 시작해 봅시다.

쉽고 빠른 조앤박 비즈니스 영어 회화 & 이메일

Joanne Park

CONTENTS

- 시원스쿨LAB(lab.siwonschool.com)에서 상황별 비즈니스 이메일 무료 특강을 확인하세요.
- 동영상 강좌와 함께 학습하실 경우, 시원스쿨LAB(lab.siwonschool.com)을 참고하세요.

이 책의 특장점

체계적인 3-Step 구성

● STEP 1 그림으로 익히는 필수 표현

해당 유닛의 주제와 관련된 이미지를 통해 대화 혹은 업무에 필요한 필수 기초 어휘를 학습합니다.

● STEP 2 실전 표현

특정 장소나 상황에 반드시 필요한 문장을 배우고 화자에 따른 뉘앙스를 습득하여 실제 업무에 응용합니다.

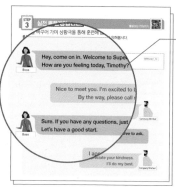

● STEP 3 실전 롤플레잉

역할극을 통해 앞서 배운 필수 문장을 상황에 대입하여 연습합니다. QR코드로 제공되는 롤플레잉 연습 영상을 통해 STEP 2 실전 표현에서 배운 문장을 자연스럽게 복습하여 내 것으로 만듭니다.

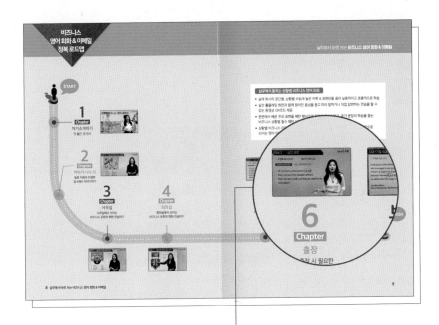

외국계 회사 근무 경험을 바탕으로 한 리얼 비즈니스 영어 회화

실제 업무에서 바로 쓸 수 있는 비즈니스 영어 회화도서입니다. 각종 공인 영어 시험 성적은 있지만 막상 실무에서 영어 말하기가 어려운 학습자들을 위한 활용도 높은 표현과 회사의 장소별 사무실 투어를 테마로 한 구성을 통해 진짜로 쓰이는 표현을 학습합니다.

조앤박 선생님의 실제 외국계 회사 근무 경험을 토대로 한 'Joanne's 표현노트', '회사생활 TIP'을 통해 영어를 사용하는 업무 환경에서의 생생한 노하우와 팁을 공개합니다.

저자 직강 유료 강의 제공

도서 내용과 동일하게 구성된 강의와 함께 학습하면 단기간에 비즈니스 영어 회화를 학습할 수 있습니다. 시원스쿨LAB(lab.siwonschool.com)에서 수강해 보세요.

비즈니스
영어 회화 & 이메일
정복 로드맵

START

1 Chapter
자기소개하기
첫 출근, 첫 인사

2 Chapter
이야기 나누기
동료 직원과 다양한
장소에서 이야기하기

3 Chapter
사무실
사무실에서 쓰이는
비즈니스 표현과 회화 연습하기

4 Chapter
회의실
회의실에서 쓰이는
비즈니스 표현과 회화 연습하기

실무에서 통하는 상황별 비즈니스 영어 회화

- 실제 회사의 공간별, 상황별 쓰임새 높은 어휘와 표현만을 골라 실용적이고 효율적으로 학습
- 실전 롤플레잉 화면과 함께 원어민 음성을 듣고 따라 말하거나 직접 답변하는 연습을 할 수 있는 동영상 QR코드 제공
- 본문에서 배운 주요 표현을 패턴 형식으로 간편하게 복습하고, 추가 문장의 학습을 돕는 비즈니스 상황별 필수 패턴 50 부록 제공
- 상황별 비즈니스 이메일 작성법 부록 및 무료 특강(6회)으로 업무에서 가장 기본적으로 쓰이는 영어 이메일 작성법 마스터

5

Chapter

상사의 방

업무 보고와 관련된
표현 익히기

6

Chapter

출장

해외 출장 시 필요한
다양한 표현 익히기

부록

비즈니스 영어 회화
상황별 필수 패턴 50

상황별 비즈니스 이메일
무료 특강 6회분 제공

FINISH

학습 진도표

실무에서 바로 쓰는 비즈니스 영어 회화

1

Chapter

Self-Introduction

> " 함께 일할 동료가 있는 사무실로 왔어요.
> 다양한 직책의 상사와 팀원들도
> 인사를 주고받네요.
> 첫 출근 날, 첫 인사 장면을 살펴봅시다. "

자기소개하기

UNIT 1 직원들 앞에서

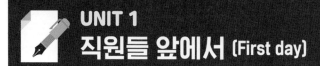

UNIT 1
직원들 앞에서 (First day)

STEP 1 그림으로 익히는 필수 표현

드디어, 첫 출근! 잘 부탁드립니다.

"안녕하세요, 앞으로 잘 부탁드립니다!"

기다리던 첫 출근입니다. 어떤 회사 생활이 펼쳐질까 기대 반 걱정 반으로 조금 일찍 회사로 향해요. 새로운 사람들, 새로운 업무, 새로운 환경과의 만남이 기다려 집니다. 첫날인 만큼 부장님께서 직접 사무실 투어*를 시켜 주기로 했어요. 첫날의 떨림을 담아 지금부터 회사의 사무실 투어를 시작합니다.

* 사무실 투어: 회사 직원이 새로운 직원과 함께 회사를 돌며 내부를 소개시켜주는 것

MP3 Unit 1_1

	표현	뜻
①	staff	사원
②	assistant manager	대리 (3~4년차)
③	section manager	과장 (4~6년차)
④	vice president (VP)	차장 (6~9년차)
⑤	manager, director	부장 (7~10년차)
⑥	senior vice president (SVP)	이사 (9~12년차)
⑦	president	사장
⑧	vice chairman	부회장

STEP 2 실전 표현

이제, 상사와 팀원들에게 간단히 자기소개를 해야겠네요. 조금 있다가는 협력 업체에서 직원들이 온다던데 그 분들에게도 제 소개를 해야겠죠? 첫날, 첫 인사가 앞으로 회사 생활을 좌지우지할 만큼 중요하다는 사실 알고 계신가요? 지금부터 친근한 첫 인상을 남기는 자기소개 표현을 알아봅시다.

상사에게 자기소개하기 "어서 오세요. 환영합니다."

💬 **Boss** 어서 오세요. 환영합니다.
MP3 Unit 1_2

Hey, come on in. Welcome to High Tech.
How are you feeling, Daisy?
It's a pleasure. My name is Glenn, the department head.
Feel free to ask any questions.
Let's have a good start.
Welcome to the team.
Janet is joining our team from today!

자, 들어오세요. 하이 테크에 오신 것을 환영합니다.
컨디션이 어떤가요, 데이지씨?
반갑습니다. 제 이름은 글렌이고, 부서장입니다.
어떤 질문이든 편하게 물어보세요.
좋은 시작을 해봅시다.
저희 팀에 오신 것을 환영합니다.
재닛이 오늘부터 우리 팀에 합류할 것입니다!

Joanne선배의 회사생활 TIP – 전문 책임자의 직책명

• Chief Executive Officer (CEO)	최고 경영자
• Chief Operating Officer (COO)	최고 운영 책임자
• Chief Financial Officer (CFO)	최고 재무 책임자, 자금 관리 이사
• Chief Marketing Officer (CMO)	최고 마케팅 책임자
• Chief Information Officer (CIO)	최고 정보 책임자
• Chief Technology Officer (CTO)	최고 기술 책임자

Company Worker 안녕하세요, 저는 ~입니다.　　　MP3 Unit 1_3

Nice to meet you. My name is Darwin.
I'm excited to be here. Please call me Tim.
I'll do my best.
Hello. I'm very pleased to meet you.
It's a pleasure to meet you.
I'm looking forward to developing my career here.

만나서 반갑습니다. 제 이름은 다윈입니다.
이곳에 있게 되어 기쁩니다. 팀이라고 불러주세요.
최선을 다하겠습니다.
안녕하세요. 만나게 되어 기쁩니다.
만나서 반가워요.
이 곳에서 제 경력을 발전시키길 기대하고 있습니다.

Joanne's 표현 노트

추가 표현

• I'm so excited to work at Doogle.　두글에서 일하게 되어 정말 기쁩니다.
• This has been my dream job!　이것은 제 꿈의 직장이었습니다!
• I'm happy to work in a new field.　새로운 분야에서 일하게 되어 기쁩니다.
• I'm very good at working with numbers.　저는 숫자와 관련된 일을 정말 잘합니다.

직원들에게 자기소개하기 "새로 입사한 ~라고 합니다."

Company Worker 안녕하세요, 처음 뵙겠습니다.　　　MP3 Unit 1_4

Hi, it's nice to meet you all.
I'm glad to meet you.
How do you do?
Hi, I don't think we've met yet. My name is Emily.

안녕하세요, 여러분 모두 만나게 되어 반갑습니다.
만나서 반갑습니다.
처음 뵙겠습니다.
안녕하세요, 우리가 아직 만난 것 같지 않네요. 제 이름은 에밀리입니다.

대화 마무리하기
- Nice meeting you. I'll see you around. 만나서 반가웠습니다. 나중에 또 봐요.
- I've got to go now. Nice talking to(with) you. 이제 가봐야 해요. 얘기 나눠서 좋았습니다.
- I better go now. See you then! 이만 가봐야 겠어요. 나중에 봐요!

💬 Company Worker 새로 입사한 ~라고 합니다.

MP3 Unit 1_5

I've just joined the team.
I just moved from Chicago, so I barely know the city.
I worked for ATC Company for 3 years.
I'll be joining the team as a researcher.
I have 3 years of experience in sales.
Today's actually my first day here!
I look forward to getting to know you all!

저는 이제 막 팀에 합류했어요.
저는 이제 막 시카고에서 이사를 와서, 이 도시를 잘 몰라요.
저는 ATC 회사에서 3년 동안 근무했어요.
연구원으로 팀에 합류할 예정이에요.
저는 영업 분야에서 3년의 경력을 갖고 있어요.
오늘이 이곳에서 일하는 첫날입니다!
모두를 알아가는 것이 기대됩니다!

성향 표현하기
- I'm flexible.   저는 융통성이 있습니다.
- I'm hard-working.   저는 근면합니다.
- I'm outgoing.   저는 외향적입니다.
- I'm detail-oriented.   저는 꼼꼼합니다.
- I'm easy-going.   저는 원만합니다.
- I'm well-organized.   저는 체계적입니다.
- I'm a team-player.   저는 협력을 잘하는 사람입니다.
- I'm a multi-tasker.   저는 멀티테스킹을 잘합니다.
- I'm an introvert.   저는 내성적인 사람입니다.
- I'm an extrovert.   저는 외향적인 사람입니다.

💬 **Company Worker** 무슨 프로젝트를 담당하고 계세요?　MP3 Unit 1_6

What type of project are you in charge of?
What department are you in?
What are you responsible for(in charge of)?
How long have you been working on that project?
Are there many people in your team?

어떤 프로젝트를 담당하시나요?
어떤 부서에 계신가요?
어떤 업무를 책임지고(담당하고) 계신가요?
얼마나 오래 그 프로젝트를 진행하고 계신가요?
당신의 팀에는 많은 사람이 있나요?

Joanne's 표현 노트

개인적 질문하기
- What's your name?　성함이 어떻게 되세요?
- How do you commute?　어떻게 출퇴근하시나요?
- Have you worked here long?　여기서 근무하신지 오래 되었나요?

업무상 질문하기
- I'm stuck with this part. Can you please help?　제가 이 부분에서 막혔어요. 도와주실 수 있나요?
- Can you please explain this to me?　이것 좀 제게 설명해주실 수 있나요?
- Do you mind if I ask you some questions?　제가 질문을 좀 해도 괜찮을까요?

협력 업체에 자기소개하기 "안녕하세요, ~씨 후임입니다."

💬 **Company Worker** 안녕하세요, ~씨 후임으로 온 ~입니다.　MP3 Unit 1_7

Hi, I'm Jerry, and I will be replacing Mr. Murphy.
Hello, I'm Lia, and I'm taking over for Mr. Kim.
Marry handed over all her work to me.
I'm the person who is in charge of your project from now on.

안녕하세요, 저는 제리이고 머피씨의 후임자입니다.
안녕하세요, 저는 리아이고 김씨의 후임자입니다.
메리가 그녀의 모든 업무를 제게 넘겨주었어요.
저는 지금부터 당신의 프로젝트를 담당하게 될 사람입니다.

추가 인사말 표현

- Helen put in a good word for you. 헬린씨가 당신에 대해 좋은 얘기를 많이 하셨어요.
- I look forward to working with you. 여러분들과 함께 일하는 것이 기대됩니다.
- I hope everything will work out nicely. 모든 것이 잘 되기를 바랍니다.
- Are you Ms. Mendes? I've heard a lot about you. 멘데스씨죠? 말씀 많이 들었어요.
- Let's do a great job together. 함께 잘 해봅시다.

상사로서 새 직원 소개하기 "환영해 주셔서 감사합니다."

 Boss 앞으로 우리와 함께 일하게 될 ~입니다.

MP3 Unit 1_8

I'd like to introduce our new team member, David.

Let me introduce Katie.

This is my new assistant, Jeremy Donovan.

This is Randy. Let's give him a warm welcome.

She has worked in the field for a number of years.

Join me in welcoming Serena!

She has a lot of experience in the field.

우리의 새로운 팀원 데이빗을 소개할게요.

케이티를 소개할게요.

이쪽은 제 새로운 비서, 제레미 도노반입니다.

이쪽은 랜디입니다. 그를 위해 따뜻한 환영을 해줍시다.

그녀는 다년간 업계에서(이쪽 분야에서) 근무해왔습니다.

함께 세레나를 환영합시다!

그녀는 이쪽 분야에서 많은 경력을 갖고 있습니다.

추가 질문 표현

- How's your first day here so far? 지금까지 이 곳에서의 첫 날은 어떤가요?
- Do you know where the bathroom is? 화장실이 어디에 있는지 아시나요?
- Did you have any problem finding our office? 저희 사무실을 찾는데 문제는 없으셨나요?
- Have you guys met Scott? 여러분들은 스콧씨를 만난 적이 있나요?

💬 Company Worker 환영해 주셔서 감사합니다.

Thank you, I'm happy to be working with you all.
I appreciate your kindness(hospitality).
People are very friendly here.
Thank you, Howard. Hello, everyone.
Thank you for welcoming me aboard!
Thanks for the warm welcome.
I'm excited to get started.

감사합니다, 여러분 모두와 일하게 되어 기쁩니다.
친절(환대)에 감사드립니다.
이곳 사람들이 아주 친절합니다.
고마워요, 하워드씨. 모두 안녕하세요.
입사를 축하해 주셔서 감사합니다!
따뜻하게 맞아 주셔서 감사합니다.
(일을) 시작하는 것이 기쁩니다.

● **Guide to Small Talk**

상대방의 말을 잘 못 알아 들었을 때

처음이라 어색해도 긴장하지 말고 웃으면서 편안함을 보이자.
편안한 사람에게 편안하게 다가올 수 있는 법.
대화 도중 만약 상대방의 말을 잘 못 알아 들었다면, 아래 문장들로 한 번 더 물어 보는 것을 추천한다.
그냥 멋쩍게 웃으며 Yes 만 하면 이상해 보일 수 있다. 이름을 까먹었을 때 덧붙일 수 있는 표현도 참고!

I'm sorry. Pardon me?	죄송합니다. 뭐라고 하셨나요?
Can you say that again?	다시 말씀해 주시겠어요?
I couldn't catch what you said.	말씀하신 것을 듣지 못했습니다.
I'm terrible with names.	저는 이름을 잘 외우지 못합니다.
I'm bad with names.	저는 이름을 잘 외우지 못합니다.

Biz Talk Guide

| 회사와 관련된 다양한 단어 |

• corporation	회사, 기업
• company	법인 기업
• incorporated (Inc.)	주식 회사
• business	사업, 기업
• enterprise	기업, 회사
• entrepreneur	사업가, 기업가
• large / major company	대기업
• start-up company	스타트업 회사
• establishment	기관, 시설
• constitution	설립, 설치
• headquarter	본부, 본사
• branch	분점, 지사
• coworker	동료
• members	구성원, 직원
• staff (members)	직원
• superior	상사
• subordinate	부하
• newcomer	신입
• shareholder	주주
• stock	주식, 재고
• capital	자본금, 자금
• asset	자산, 재산
• budget	예산

4분기, 상/하반기 구분하기

1년을 4등분하여 각각의 '분기'를 지칭할 땐 쿼터(quarter)를 쓸 수 있다. first, second, third, fourth 의 서수를 앞에 붙여 1분기, 2분기, 3분기, 4분기를 나타낸다. 반면에 1년을 2등분하여 상/하반기를 표현하고 싶을 땐 first half, second half로 표현한다.

1️⃣ Smile professionally. 전문가답게 웃자.

기분이 안좋거나 컨디션이 좀 떨어져도 처음 몇 주 동안은 동료와 마주치면 기분 좋게 웃어 줄 것. 내 입장에서는 새로운 직장에 적응하느라 긴장하고 피곤한 탓에 있던 웃음마저 사라지 겠지만, 동료의 입장에서는 서로를 아직 잘 모르는 상태이기 때문에 자칫 무표정한 나를 보고 '원래 인상 쓰고 있는 사람, 성격이 안 좋은 사람' 등으로 오해할 수 있다. 웃음에도 전문가다 움이 필요하다.

2️⃣ Memorize your coworkers' names quickly. 동료의 이름을 빨리 외우자.

"저기요, Excuse me"보다는 "누구 씨"가 낫다. 누구든 이름을 불러주면 친근함은 배가 된다!

3️⃣ Be punctual. 시간에 민감해지자.

출근 시간, 마감 시간, 미팅 시간, 점심 시간 등은 철저히 지키자. 회사의 근무 환경마다 조금 다르겠지만, 자리에서 나가고 들어온 시간을 정확히 할 것. 항상 남들보다 조금씩 늦는 것을 동료나 상사가 알지 못할 거라고 생각하면 오산! 그들은 안보는 것 같지만 사실 다 알고 있으 며 다 보고 있다.

4️⃣ Ask questions. 질문을 하자.

처음 몇 주는 모르는 것이 많을 테니 종종 질문을 좀 하겠다고 주변에 미리 말해두자. 처음이 기 때문에 상사나 동료들 모두 당연히 그러라고 한다. 단, 한 번에 한 개씩, 수많은 질문을 계 속 받는다면? 그만큼 짜증나는 일도 없다. 질문은 2~3개 정도 모았다가 하루에 한 두 번 정도 만 할 것. 상사가 바쁘거나 기분이 안 좋을 때는 눈치껏 모아서 할 것!

5️⃣ Keep good table manners. 식사 예절을 지키자.

외국계 회사에서 직장생활을 하거나 글로벌 회사를 대상으로 비즈니스를 하다 보면 다양한 사람들과 식사를 하게 되는 경우가 많다. 사무실이나 회의실과는 다르게 보다 마음 편히 상대 방을 대할 수 있다고 생각하면 큰 오산! 자칫 잘못하면 식사 예절도 지키지 못하는 무례한 사 람으로 낙인 찍힐 수 있으니 주의하자. 서구에서는 보통 자신의 앞접시에 먹을 만큼 음식을 덜어 먹는 습관을 가지고 있기 때문에 이를 존중하여 한정식을 먹으러 가더라도 음식은 개인 접시에 덜어 먹는 것이 좋다.

6 Avoid gossip. 험담을 하지 말자.

조금 친해진 동료와 친분(?) 쌓기를 빌미로 험담을 하고 있다면 지금 본인의 무덤을 파고 있는 격! 회사는 좁은 사회이다. 말은 돌고 돈다. 언젠가 내가 한 험담이 나의 뒤통수를 노리고 있다는 것을 명심할 것! 상사의 험담을 하고 싶다면 미리 사표를 써 놓고 시작할 것.

7 Know how to shake hands with each other. 악수 예의를 지키자.

아무에게나 먼저 악수를 청하는 것은 금물! 나라를 막론하고 직급이 높은 사람이 낮은 사람에게 악수를 권하는 것이 정석이다. 악수를 할 때에는 굳이 고개나 허리를 숙이지 않아도 되고, 직급이 높은 상대일지라도 두 손이 아닌 한 손으로 악수를 하는 것이 표준!

8 Don't be too humble and be moderate. 겸손도 과하면 독이다.

한국에서는 각종 칭찬을 받았을 때 손사례를 치며 "아 아닙니다, 아니에요."라고 말하며 겸손의 미덕을 힘껏 발휘하는 것이 보통이다. 하지만 미국이나 외국계 회사의 경우 비슷한 반응을 하면 칭찬해준 상대방도 무안해질 수 있기 때문에, 담백하게 웃으며 "Thanks for saying so." 등과 같은 표현으로 적절히 칭찬을 받아드리자. 업무 관련 얘기를 할 때도 너무 소극적인 태도는 자칫 잘못하면 능력에 대한 오해를 낳을 수 있으니, 너무 자만하지도, 너무 겸손하지도 않은 중용의 힘을 발휘할 것!

9 Praise wisely. 칭찬은 현명하게 하자.

서로 칭찬을 주고받을 때는 직접적인 외모 칭찬이나 신체와 관련된 코멘트를 남기고 있지는 않은 지 유의할 것. 호감을 사려고 상대방의 신체적 특징을 놓고 얘기하는 것은 큰 실례가 된다. 이 보다는 "신발이 예쁘시네요, 코트가 예쁘시네요"와 같은 직접적이지 않고 담백한 칭찬을 하는 것이 현명하다!

10 Know professional terms in your field. 내가 속한 분야의 비즈니스 어휘부터 먼저 익히자.

비즈니스 분야마다 쓰이는 전문 용어가 다르다. 같은 단어라도 분야와 쓰임에 따라 미세한 뜻의 차이가 있을 수 있으니 전문 비즈니스 어휘부터 정복하는 것이 급선무! 추후에 있을 의사소통 오류나 업무 실수를 미연에 방지할 수 있는 방법이다.

롤플레잉 연습하기

롤플레잉(상황극 훈련)을 통해 STEP 2에서 배운 표현을 완벽히 익혀봅시다.

 어서 오세요. 환영합니다.

MP3 Unit 1_10

상황극을 통해 역할을 바꾸어 가며 말하는 연습을 해봅시다.

Boss

> Hey, come on in. Welcome to Supersonics.
> How are you feeling today, Timothy?

> Nice to meet you. I'm excited to be here.
> By the way, please call me Tim.

Company Worker

Boss

> Sure. If you have any questions, just feel free to ask.
> Let's have a good start.

> I appreciate your kindness.
> I'll do my best.

Company Worker

상사: 자, 들어오세요. 수퍼소닉스에 오신 것을 환영합니다. 컨디션이 어떤가요, 티모시씨?
회사원: 만나서 반갑습니다. 이 곳에 있게 되어 기쁩니다. 그런데, 저를 팀이라고 불러주세요.
상사: 그럼요. 질문이 있다면, 편하게 물어보세요. 좋은 시작을 해봅시다.
회사원: 친절에 감사드립니다. 최선을 다하겠습니다.

 표현 사전

come on in 들어오세요   by the way 그런데, 그나저나   feel free to ~ 편하게, 부담없이 ~하세요   appreciate 고마워하다   kindness 친절, 다정함

앞으로 우리와 함께 일하게 될 ~씨입니다.

상황극을 통해 역할을 바꾸어 가며 말하는 연습을 해봅시다.

MP3 Unit 1_11

Boss

I'd like to introduce our new team member.
This is my new assistant, Jeremy Donovan.

Company Worker

Hello, nice to meet you all.
I'm looking forward to working with you.

Coworker

It's nice to meet you.
How's your first day here so far?

Company Worker

It's fantastic. People are very friendly here.
Nice meeting you. I'll see you around.

상사: 우리의 새로운 팀원을 소개하고 싶습니다. 이쪽은 제 새로운 비서, 제레미 도노반입니다.
회사원: 안녕하세요, 모두 만나게 되어 반갑습니다. 여러분과 함께 일하는 것이 기대됩니다.
동료: 만나서 반갑습니다. 지금까지 이곳에서의 첫날은 어떤가요?
회사원: 아주 좋습니다. 사람들이 아주 친절하네요. 만나서 반가웠어요. 나중에 또 봐요.

 표현 사전

introduce 소개하다 assistant 비서, 보조 look forward to ~ ~을 기대하다, 고대하다
fantastic 기막히게 좋은, 환상적인 friendly 친절한, 상냥한 see you around 또 만나요

2

Chapter

Small Talk

❝ 회사에 있다고 일만 하진 않아요.
동료 직원들과의 소소한 이야기가
회사 생활에 활기를 불어넣어 주니까요.
다양한 장소에서의 small talk로
동료와의 친밀도를 높여보세요. **❞**

이야기 나누기

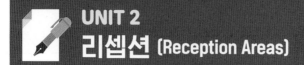

STEP 1 그림으로 익히는 필수 표현

드디어, 리셉션에 왔어요!

드디어 꿈에 그리던 외국회사로의 첫 입사일. 떨리는 마음으로 제일 먼저 찾은 곳은 바로 회사의 얼굴인 안내 데스크입니다. 회사에 방문하면 가장 먼저 보이는 안내 데스크엔 무엇이 있나 차근차근 살펴봅시다.

MP3 Unit 2_1

	표현	뜻
①	receptionist	접수 담당자, 리셉셔니스트
②	visitor	방문객
③	laptop computer	랩탑 컴퓨터(노트북)
④	reception desk	접수처
⑤	plant pot	화분
⑥	guests	손님들
⑦	sofa bench	벤치형 소파
⑧	monitor	모니터

안내 데스크에 상주하는 리셉셔니스트(receptionist)는 주로 방문객을 안내하거나 회사 대표번호로 걸려온 전화를 받는 일을 하곤 해요. 안내 데스크에서는 어떤 말을 하는지 배워봅시다.

방문하기 약속이 있어서 왔어요.

💬 **Receptionist 도와드릴까요?**   `MP3 Unit 2_2`

How can I help you today?
What brings you in today?
What can I do for you?
What can I help you with today?
How can I assist you?
May I help you?

오늘 어떻게 도와드릴까요?
오늘 무슨 일로 오셨나요?
무엇을 도와드릴까요?
오늘 무엇을 도와드릴까요?
어떻게 도와드릴까요?
제가 도와드릴까요?

💬 **Receptionist 사전에 약속 하셨나요?**   `MP3 Unit 2_3`

You have an appointment?
Did you have an appointment?
Have you made an appointment before?
Is he(she) expecting you?

약속 있으신가요?
약속이 있으셨나요?
사전에 약속 하셨나요?
그(그녀)가 당신이 오는 걸 알고 계시나요?

 **Visitor** 선약이 있어요.

I'm here to see Ms. Stone.
I have a meeting with Ms. Stone.
I have an appointment with Ms. Stone.
I'm here to have a meeting with Ms. Stone at 10.

스톤씨를 보기 위해 왔어요.
스톤씨와 미팅이 있어요.
스톤씨와 약속이 있어요.
10시에 스톤씨와 미팅을 하기 위해 왔어요.

안내하기 잠시 이쪽에서 기다려 주세요.

 Receptionist 이쪽으로 오세요.

This way, please.
Please follow me.
Please take a seat over there.
Would you like to have a seat?

이쪽으로 오세요.
저를 따라와주세요.
저기에 앉아주세요.
앉으시겠어요?

 Receptionist 금방 오실 거에요.

Ms. Stone will be with you shortly(in a minute).
Ms. Stone will be right with you.
Do you mind waiting a couple of minutes?

스톤씨가 금방 오실 거에요.
스톤씨가 바로 오실 거에요.
몇 분 정도 기다려도 괜찮으시겠어요?

Receptionist 마실 거 드릴까요?

Would you like something to drink?
Would you like some coffee?

마실 것 좀 드릴까요?
커피 좀 드릴까요?

 Visitor 네 / 아니요. 감사합니다.

Yes, please. Thank you.
No, I'm good. Thank you.
No, it's okay. Thanks for asking, though.
That'll be nice.

네, 부탁드려요. 감사합니다.
아니요, 전 괜찮아요. 감사합니다.
아니요, 괜찮아요. 그래도 물어봐주셔서 감사해요.
좋을 것 같네요.

 Joanne선배의 회사생활 TIP

좋든 싫든 선의를 베푼 사람에게는 꼭 "Thank you", "Thanks"로 마무리하며 웃어주자.
웃는 사람을 싫어할 자는 없다.

롤플레잉(상황극 훈련)을 통해 STEP 2에서 배운 표현을 완벽히 익혀봅시다.

어떻게 도와드릴까요?

MP3 Unit 2_9

상황극을 통해 역할을 바꾸어 가며 말하는 연습을 해봅시다.

> How can I help you today?
> **Receptionist**

> I have a meeting with Ms. Stone.
> **Visitor**

> Is she expecting you?
> **Receptionist**

> Yes, she is.
> **Visitor**

리셉셔니스트: 오늘 어떻게 도와드릴까요?
방문객: 스톤씨와 미팅이 있습니다.
리셉셔니스트: 그녀가 기다리고 계신가요?
방문객: 네, 그렇습니다.

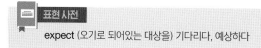

표현 사전

expect (오기로 되어있는 대상을) 기다리다, 예상하다

이쪽으로 와서 기다려주세요.

상황극을 통해 역할을 바꾸어 가며 말하는 연습을 해봅시다.

Receptionist

This way, please.
Please take a seat over there.
Ms. Stone will be with you in a minute.

Visitor

OK. Thank you.

Receptionist

Would you like something to drink?

Visitor

No, I'm good. Thank you.

리셉셔니스트: 이쪽입니다. 저기에 앉아주세요. 스톤씨가 금방 오실 거예요.
방문객: 네. 감사합니다.
리셉셔니스트: 마실 것 좀 드릴까요?
방문객: 아니요, 괜찮아요. 감사합니다.

● **Guide to Biz Talk**

문맥에 따른 good의 활용

No, I'm good 아뇨, 저는 괜찮아요.
Yes, that's good 네, 그거 좋겠어요.

같은 good이지만 문맥에 따라 완전히 반대의 뜻이 될 수 있다.
주어 I 와 that 사이에서 혼동하지 말자.

 표현 사전

seat 자리, 좌석 in a minute 금방, 곧

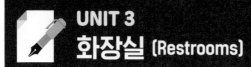

UNIT 3
화장실 (Restrooms)

STEP 1 그림으로 익히는 필수 표현

화장실에서 오랜만에 동료를 만났어요.

"어머, 오랜만이야! 여기서 다 보네." 제가 회사 생활을 할 때 화장실에 가면 오랜만에 타 부서 동료를 만나곤 했어요. 저만 그런가요? 같은 회사라도 층이나 부서가 달라 쉽게 볼 수 없는 동료를 만나게 되면 무슨 얘기를 해야 할까요? 우선 화장실에는 무엇이 있는지 부터 살펴봅시다.

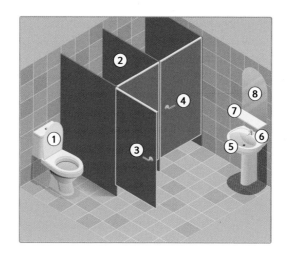

MP3 Unit 3_1

	표현	뜻
①	toilet	변기
②	toilet cubicle	화장실 한 칸
③	unoccupied	미사용 중
④	occupied	사용 중
⑤	bathroom sink	화장실 세면대
⑥	faucet	수도꼭지
⑦	shelf	선반
⑧	mirror	거울

머리가 지끈거리고 쉬고는 싶은데 눈치가 보이는 신입이라면 화장실이 나만의 유일한 도피처! 이곳에서 오랜만에 타 부서 동료를 만났을 때 유용한 표현을 배워봅시다.

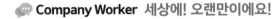

안부 묻기 여기서 만날 줄이야! 오랜만이에요.

💬 Company Worker 세상에! 오랜만이에요!

`MP3 Unit 3_2`

Fancy meeting you here! How have you been?
What a surprise to meet you here! Long time no see.
My goodness! I haven't seen you for ages.
It's been awhile. What's new(up)?

여기서 만날 줄이야! 어떻게 지냈어요?
여기서 다 만나네요! 오랜만이에요.
세상에! 못 본지 몇 년은 된 것 같네요.
한동안 뜸 했네요. 잘 지내요?

> **Joanne's 표현 노트**
>
> **추가 표현**
> • Give Joanne my best. 조앤에게 안부 전해주세요.

💬 Company Worker 요새 어떻게 지내세요?

`MP3 Unit 3_3`

How are you doing(holding up)?
How is it going?
How's everything?

요새 어떻게 지낼 만해요?
어떻게 지내요?
다 괜찮죠?

> **Joanne's 표현 노트**
>
> **비슷한 표현**
> • How's by you? 별일 없죠? 건강하시죠?
> • How are you doing? Doing well? 요새 어떻게 지내요? 잘 지내죠?

 **Coworker** 맨날 똑같죠, 뭐.

Nothing special(much).

Same old, same old.

뭐 별일 없이 지내요.

맨날 똑같죠, 뭐.

Joanne's 표현 노트

근황 업데이트 표현

긍정 • (I'm) not too bad / fine / good / great / pretty good / fantastic.
     (저는) 나쁘지 않아요 / 괜찮아요 / 좋아요 / 아주 좋아요 / 꽤 좋아요 / 굉장히 좋아요.

바쁨 • Keeping busy. / Super busy these days. 바빠요. / 요즘 아주 바빠요.

부정 • (I'm) tired / exhausted. (저는) 힘들어요 / 아주 힘들어요.

근무 조건 말하기 여기 일은 좀 어때요?

Company Worker 여기 일은 좀 어때요?

How are things at work (here)?

How do you like working here?

How do you like your job?

Do you enjoy working here?

여기 일은 좀 어때요?

여기서 일하는 게 좋으신가요?

일은 좀 어떤가요?

여기서 일하는 게 즐겁나요?

💬 Company Worker 언제 출퇴근하세요?

MP3 Unit 3_6

What time do you go to work?
What time do you punch in?
What time do you get off work(punch out)?
When do you call it a day?

몇 시까지 출근하시나요?
몇 시에 출근하시나요?
몇 시에 퇴근하시나요?
언제 퇴근하시나요?

💬 Company Worker 얼마나 근무하세요?

MP3 Unit 3_7

How many hours do you work a day?
How long do you work per day?
What are your working hours?

하루에 몇 시간 정도 일하세요?
하루에 얼마나 일하세요?
근무 시간이 어떻게 되세요?

Joanne's 표현 노트

근무 시간 관련 추가 표현
- Do you occasionally work overtime? 종종 야근도 하나요?
- Do you work on weekends as well? 주말에도 일하시나요?
- I work flexible hours. 저는 자유 시간제로 일해요.

Joanne선배의 회사생활 TIP

친한 사이라면 안해도 상관없지만 잘 모르거나 적당히 아는 사이인데 안부를 물어봤다면 성의를 생각해
단순히 "Bye!"로 헤어지기 보다는 친밀한 느낌을 주는 인사를 해보자.

- Anyway(s), thanks for asking me. 안부 인사해줘서 고마워요.
- I'll see you around. 나중에 또 봐요.
- I'll catch you later. Bye. 나중에 또 봐요. 안녕.

화장실 가기 변기 물이 안 내려가요.

💬 **Company Worker** 화장실 좀 다녀오겠습니다.
MP3 Unit 3_8

Excuse me, I need to go to the restroom.
Nature calls.
Let me wash my hands.
Let me hit the restroom.

실례합니다, 화장실을 좀 가야 해요.
화장실 가야 해.
손 좀 씻고 올게 (화장실 좀 다녀올게).
화장실 다녀올게.

Joanne's 표현 노트

다양한 화장실의 종류

• restroom	일반 건물에 위치한 화장실
• men's (ladies') room	남자 (여자) 화장실
• toilet	화장실 또는 화장실 내 변기
• bathroom	목욕탕 화장실, 가정용 화장실
• W.C. (Water Closet)	간이 화장실
• lavatory	기내 화장실

💬 **Company Worker** 줄 서고 계신거죠?
MP3 Unit 3_9

Excuse me, are you in line?
This is the line for the restroom, right?

실례합니다, 줄 서고 계신건가요?
화장실 줄 맞나요?

💬 **Coworker** 변기가 고장났어요.
MP3 Unit 3_10

The toilet won't flush.
That one is a weak flushing toilet.
This toilet is out of order.

변기 물이 안 내려가요.
이 변기는 수압이 낮아요.
이 변기는 고장이 났어요.

Biz Talk Guide

| 사교성을 높여주는 Small Talk 주제 ① |

Icebreaking questions 첫 만남 후, 어색함을 줄여줄 간단한 질문

- What is your favorite sport to watch?
  어떤 스포츠 경기를 보는 것을 좋아하나요?

- What is your favorite book to read?
  어떤 책을 읽는 것을 좋아하나요?

- Do you tend to be a talker or a listener?
  보통 대화를 할 때 말을 많이 하는 편인가요, 아니면 많이 듣는 편인가요?

- What is your favorite outdoor activity?
  가장 좋아하는 야외 활동은 무엇인가요?

- Describe yourself in 3 words.
  세 단어로 스스로를 표현해 주세요.

- What do you usually do to relieve stress?
  스트레스를 풀기 위해 주로 무엇을 하나요?

- How many countries have you lived in, and which one did you like the most?
  지금까지 몇 곳의 나라에서 거주했고, 어디가 가장 좋았나요?

- Are you a morning person or a night person?
  아침형 사람인가요, 아니면 저녁형 사람인가요?

- What is your favorite activity on vacation?
  휴가 때 가장 즐기는 활동은 무엇인가요?

- Where would you like to travel?
  어디로 여행을 가고 싶나요?

롤플레잉(상황극 훈련)을 통해 STEP 2에서 배운 표현을 완벽히 익혀봅시다.

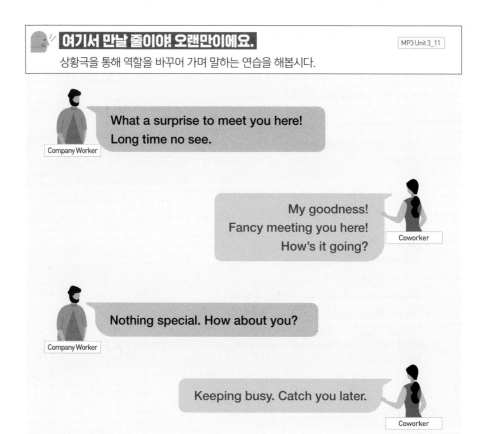

🗣️ **여기서 만날 줄이야! 오랜만이에요.** 　　　　　　MP3 Unit 3_11

상황극을 통해 역할을 바꾸어 가며 말하는 연습을 해봅시다.

Company Worker
What a surprise to meet you here!
Long time no see.

Coworker
My goodness!
Fancy meeting you here!
How's it going?

Company Worker
Nothing special. How about you?

Coworker
Keeping busy. Catch you later.

회사원: 여기서 만나다니! 오랜만이에요.
동료: 어머! 여기서 만날 줄이야! 어떻게 지내요?
회사원: 별일 없이 지내죠, 뭐. 당신은요?
동료: 요즘 좀 바빠요. 나중에 또 만나요.

 표현 사전

surprise 놀라운 일, 소식　fancy 놀람이나 충격을 나타내는 감탄사　catch 때마침 만나다

여기 일은 좀 어때요?

상황극을 통해 역할을 바꾸어 가며 말하는 연습을 해봅시다.

Company Worker

So, how do you like your job?

Coworker

Well, super busy these days.

Company Worker

Seriously? How many hours do you work a day?

Coworker

More than 10 hours a day.

회사원: 일은 좀 어떤가요?
동료: 음, 요즘 일이 정말 많아요.
회사원: 정말요? 하루에 몇 시간 정도 일하세요?
동료: 하루에 10시간 이상이요.

 표현 사전

these days 요즘에는

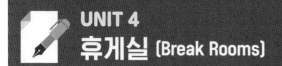

STEP 1 그림으로 익히는 필수 표현

커피라도 한 잔 할까?

하루 종일 바쁘게 돌아가는 업무 속에서 휴식 시간 만큼은 부서를 좀 벗어나 볼까요? 우리 모두 회사 휴게실에서 '커피 한 잔의 여유를 아는 품격 있는 회사원'이 되길 바라며! 회사 휴게실에는 무엇이 있는지 살펴봅시다.

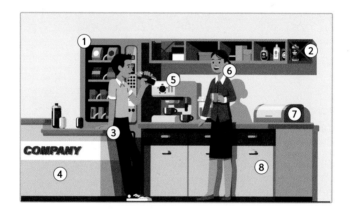

MP3 Unit 4_1

	표현	뜻
①	vending machine	자판기
②	display shelves	장식 선반들
③	lean against ~	~에 기대다
④	(kitchen) counter	(부엌) 카운터, 조리대
⑤	coffee maker, coffee machine	커피 메이커, 커피 머신
⑥	talk to(with) ~	~ 와 말하다
⑦	bread box	빵 보관함
⑧	kitchen cabinets	부엌 서랍장

회사 휴게실은 보통 커피나 차 한잔을 하며 좀 쉬거나 동료와 함께 와서 잠깐 수다 타임을 하기도 하고, 부서원들과 간단히 차 마시는 시간을 가지며 회의를 할 수도 있는 장소예요. 스타트업 회사의 경우 휴게실 옆에 수면실까지 있다고 하니 이런 회사는 다닐 맛 나겠네요. 휴게실에서 활용도 높은 표현을 배워봅시다.

동료 소개하기 이쪽은 내 직장 동료 엘렌이야.

💬 Company Worker 이쪽은 내 동료야. 인사해.　　[MP3 Unit 4_2]

Hey, this is my coworker, Ellen.
Have you met Ellen here?
I'd like you to meet my colleague, Ellen.

안녕, 이쪽은 내 직장 동료 엘렌이야.
여기서 엘렌을 만난 적이 있나요?
제 직장 동료 엘렌을 소개합니다.

💬 Coworker 만나서 반가워요.　　[MP3 Unit 4_3]

Hi. How do you do?
Nice to meet you (as well).
Joanne has told me so much about you.
I've heard a lot about you.

안녕하세요. 잘 지내시나요?
(저도) 만나서 반갑습니다.
조앤에게 말씀 많이 들었습니다.
말씀 많이 들었어요.

Joanne's 표현 노트

답변 표현
• Thank you. I'm glad to meet you too. 감사합니다. 저도 만나서 반갑습니다.
• You, too. 저도 반가워요.

💬 Coworker 어떤 일 하세요?

What department are you in?
What are you in charge of ?

어느 부서에 계세요?
무엇을 담당하고 있나요?

> **Joanne's 표현 노트**
>
> **타사 동료에게 쓰는 표현**
>
> 질문 • What do you do (for a living)? 어떤 일 하세요?
> • What line of work are you in? 어떤 종류의 일을 하시나요?
>
> 답변 • I work in the marketing department. 저는 마케팅 부서에서 일해요.
> • I'm a salesman. 저는 영업사원이에요.
> • I've been here for 3 years. 저는 여기서 일한 지 3년 되었어요.

감정 표현하기 사무실은 너무 갑갑해요.

💬 Company Worker 사무실은 너무 ~해요.

MP3 Unit 4_5

My office is too stuffy(stifling).
I feel a little sleepy in my cubicle.
I'm bored to death in the office.
The office is so pleasant and tidy.

사무실이 너무 갑갑해요.
제 자리에서는 조금 졸려요.
사무실에서는 지겨워 죽겠어요.
사무실이 매우 쾌적하고 정돈이 잘 되어 있어요.

💬 Coworker 힘들어요.

MP3 Unit 4_6

Everything is such a hassle.
I can't concentrate on my work.
I'm having a bad hair day.
My work is so stressful.
It's driving me crazy.
I can't take it anymore.

만사가 귀찮아요.
일에 집중을 못하겠어요.
오늘 아무것도 안 풀리네요.
일 때문에 너무 스트레스 받아요.
아주 미칠 지경이에요.
더 이상 못 참겠어요.

💬 Company Worker 일이 너무 많아요.

MP3 Unit 4_7

I'm a little bit behind in my work.
I have a demanding job.
I have no time to blink.
It's been hectic at work.
I work around the clock nowadays.
I'm tied up at work.

제가 일이 좀 밀렸어요.
제 업무가 좀 힘들어요.
눈코 뜰 새 없이 바빠요.
요새 회사에서 정신없이 바빴어요.
요새 밤낮없이 일만 해요.
(일이 바빠서) 회사에 발목 잡혔어요.

💬 Coworker 쉬었다 합시다.

MP3 Unit 4_8

My head is getting numb.
I have a cramp in my leg.
Let's take five.
Let's have a bit of a break.

머리에 쥐가 나요.
다리가 저려요.
5분만 쉬어요.
조금만 쉬어요.

💬 **Company Worker** 요새 널널해요.

I have some free time (plenty of time).
I'm not too busy these days.

시간이 좀 널널해요.
요새 그렇게 바쁘지는 않아요.

걱정, 공감, 응원하기 무슨 걱정거리 있어요?

💬 **Coworker** 무슨 걱정거리 있어요?

MP3 Unit 4_10

You look down (depressed, tired, low) today.
What's bugging you?
Is everything all right?

오늘 좀 기분이 안 좋아 (우울해, 힘들어, 기운이 없어) 보여요.
무슨 일 있어요?
괜찮은 거죠?

Joanne's 표현 노트

대답 표현
• Oh, no. I'm sorry (to hear that). 오, 저런. 안됐네요.

💬 **Coworker** 걱정 마세요. 저는 당신 편이에요.

MP3 Unit 4_11

Don't worry. Don't bother. Let it go.
I'm on your side.
It's not worth it.
I trust you.

걱정 마세요. 신경 끄세요. 내버려 두세요.
저는 당신 편이에요.
그럴 만한 가치도 없어요.
저는 당신을 믿어요.

46 실무에서 바로 쓰는 비즈니스 영어 회화 & 이메일

편들기 표현
- I can see that. 그러게 말이에요.
- I understand how you feel. 어떤 기분일지 이해되네요.
- I know you can handle it. 당신이 잘 해낼 것이란 걸 알아요.
- Don't take it too personally. 너무 개인적으로 받아들이지 말아요.
- You have my heart. 저도 공감하는 부분이에요.
- I know it doesn't make sense. 그게 말도 안 된다는 거 알아요.

💬 **Coworker 응원할게요.**

MP3 Unit 4_12

I'll root for you.
Hang in there.
Keep your chin up.
Give it a try (go, shot).
Calm your nerves.
Things are going to be easier (better).
I'm right behind you.

당신을 응원할게요.
견뎌 보세요(힘내요).
기운 내요.
한 번 시도해(도전해) 보세요.
긴장 푸세요.
모든 것이 더 쉬워질 (나아질) 거예요.
당신 뒤에 딱 버티고 있을게요.

대답 표현
- Thank you. I appreciate your help. 도와주셔서 감사해요.
- I appreciate what you've told for me. 말씀해 주신 거 감사해요.
- I really appreciate you saying so. 그렇게 말해줘서 감사해요.

'이상하다', '특이하다' 표현하기

MP3 Unit 4_13

친한 동료와 다른 동료 얘기를 하다 보면 본의 아니게, 자연스레 험담이 될 때도 있다. 아래 단어들은 비슷해 보이지만 강한 의미부터 약한 의미로 그 차이가 꽤 크다. 단어 선택에 따라 전달되는 강도가 달라 질 수도 있으니 뉘앙스를 정확히 알고 말해야 한다.

• weird 기이한, 아주 이상한

다소 강하고 부정적인 의미를 지닌다. 무엇인지 설명하기 힘들지만 [아주 이상한 기운]을 느껴 기분이 그다지 좋지 않을 때 사용한다. 추가로, weirdo 라는 표현도 많이들 사용하는데, 친한 사이에서는 애교스럽게 "걔는 참 이상한 아이야."라는 정도로, 반대로 잘 모르거나 판단을 내려서 쓰는 경우는 험담에 해당되므로 상황에 맞게 적절히 사용해야 한다.

It's really weird whenever she looks at me.
그녀가 날 쳐다볼 때마다 진짜 이상한 기분이 들어.

• strange 이상한, 낯선

weird 보다는 덜 부정적이지만 그래도 부정적인 느낌이 약간 있다. 이상함을 느끼는 순간 '어, 뭐지?' 하면서 [인지가 가능해 한 번 더 확인하게 되는 이상함]을 뜻한다. 사람, 일, 기분 등에 붙여 쓴다.

He sang a strange song this morning.
그가 오늘 아침에 이상한 노래를 불렀어.

• odd 특이한, 이상한

위 두 단어 보다 약한 느낌의 [단순한 이상함]이다. 뭔가 정상이 아니거나 갸우뚱하게 할 만한 일. 앞의 두 단어 보다 강하거나 쇼킹하지 않다.

That's odd. I can't remember where I put my pen.
이상하네. 내 펜을 어디 뒀는지 기억이 안나.

• awkward 이상하게 어색한, 곤란한, 부끄러운, 엉망인

뭔가 [어색하고 곤란한 동시에 부끄러운] 느낌일 때 사용한다. 부자연스럽고 좀 창피한 느낌을 표현하며 물건에 쓰면 엉터리로 잘못 만든 물건이란 뜻으로도 통한다.

He seems a little awkward in his new suit.
그의 새 정장이 약간 어색해(불편해) 보여.

The program is very awkward.
프로그램은 완전 엉터리야.

💬 Coworker 이제 가봐야 돼요.

MP3 Unit 4_14

I'm sorry but I should get going now.
I'm sorry but I need to get back to work now.
I'm sorry but I really must go now.
I guess it's time to get back to work now.

죄송하지만 이제 슬슬 가봐야 돼요.
죄송하지만 이제 다시 일하러 가야 돼요.
죄송하지만 이제 진짜 가야 돼요.
이제 일하러 돌아가야 할 것 같네요.

💬 Company Worker 대화 즐거웠어요.

MP3 Unit 4_15

It was a good chat. Thank you for your time.
It's been nice talking to you today. I appreciate it.
OK. I'll see you around.
I really loved talking to you. Let's catch up later.
Sure. I'll see you next time.
I'll talk to you later.

대화 즐거웠어요. 시간 내줘서 고마워요.
오늘 대화 즐거웠습니다. 감사합니다.
알겠어요. 나중에 또 봐요.
대화 너무 좋았어요. 조만간 또 얘기해요.
그럼요. 다음에 봐요.
나중에 또 얘기해요.

롤플레잉(상황극 훈련)을 통해 STEP 2에서 배운 표현을 완벽히 익혀봅시다.

 이쪽은 내 직장 동료 조쉬야.

MP3 Unit 4_16

상황극을 통해 역할을 바꾸어 가며 말하는 연습을 해봅시다.

Company Worker

Hey, this is my coworker, Josh.

Hi, Josh. I'm Joanne. Nice to meet you.
Joanne

Josh

Hello, it's nice to meet you as well.

What department are you in?
Joanne

Josh

I work in the HR(Human Resources) department.

회사원: 안녕, 이쪽은 내 직장 동료 조쉬야.
조앤: 안녕하세요. 저는 조앤이라고 해요. 만나서 반가워요.
조쉬: 안녕하세요, 저도 만나서 반가워요.
조앤: 어느 부서에 계세요?
조쉬: 저는 인사팀에서 일해요.

 표현 사전

coworker 동료 as well 또한, 역시 department 부서 HR (Human Resources) (회사의) 인사부, 인적 자원

무슨 걱정거리 있어요?

상황극을 통해 역할을 바꾸어 가며 말하는 연습을 해봅시다.

Company Worker

Hey, you look down today.
Is everything all right?

Coworker

Well, I'm a little bit behind in my work.
But I can't concentrate on my work.

Company Worker

Oh, no. I'm sorry. Let's have a bit of a break.
Don't worry. I know you can handle it.
Keep your chin up.
I'm sorry but I should get going now.

Coworker

Sure. Thanks a lot, I appreciate your help.
I'll see you around.

회사원: 안녕, 오늘 기분이 좀 안 좋아 보이네. 괜찮은거지?

동료: 음, 내가 일이 좀 밀렸어. 근데 일에 집중을 할 수가 없네.

회사원: 오, 안됐다. 휴식 좀 갖자. 걱정하지마. 네가 잘 해낼 거라는 거 알아. 힘내.
미안하지만 이만 가봐야 해.

동료: 그래. 도와줘서 정말 고마워. 나중에 또 보자.

 표현 사전

down 우울한 **behind** (진도가) 뒤떨어져, 늦어 **concentrate** 집중하다 **a bit** 조금, 약간
handle 다루다, 처리하다 **chin** 턱 **appreciate** 고마워하다

다양하게 감정 표현하기

휴게실에서 동료와 서로 감정을 공유하며 동료애를 싹 틔워보면 어떨까? 영어는 형용사만 잘 써도 반은 먹고 들어간다는 사실! 감정의 단계별 형용사 표현법을 익혀보자. MP3 Unit 4_18

1 불편 – 짜증

I feel uncomfortable – frustrated – stuffy – nervous – irritated.

난 불편해 – 좌절감이 느껴져 – (마음이) 갑갑해 – 초조해 – 신경질 나.

2 처짐 – 기진맥진

I feel down – depressed – disappointed – jumpy – tense – anxious – tired – exhausted.

난 힘이 없어 – 우울해 – 실망스러워 – 조마조마해 – 긴장돼 – 걱정돼 – 피곤해 – 기진맥진해.

3 긍정 – 부정

I feel positive – optimistic – indifferent – logical – discouraged – pessimistic – negative.

난 긍정적이야 – 낙천적이야 – 무관심해 – 논리적이야 – 낙심했어 – 비관적이야 – 부정적이야.

4 슬픔 – 화남

I feel pity – worried – sad – bad – annoyed – upset – offended – pissed off.

난 불쌍한 기분이 들어 – 걱정돼 – 슬퍼 – 안타까워 – 짜증나 – 열 받아 – 화나 – 화나 죽겠어.

5 평온 – 활발

I feel calm – peaceful – relieved – refreshed – pleased – joyful – lively.
난 차분해 – 평화로워 – 마음이 놓여 – 상쾌해 – 기뻐 – 아주 기뻐 – 쌩쌩한 기분이야.

6 느긋함 – 신남

I feel relaxed – comfortable – delightful – great – happy – upbeat – energetic
– excited – hyper.
난 느긋해 – 편안해 – 유쾌해 – 좋아 – 행복해 – 신나 – 에너지 넘쳐 –
흥분했어 – 너무 신나.

7 무감각 – 어지러움

I feel numb – blank – absent-minded – bored – lazy – clumsy – dizzy – sick.
난 아무 느낌이 없어 – 멍 때려 – 깜빡깜빡해 – 지루해 – 게을러 – 덤벙대 – 어지러워 –
메슥거려.

8 감동 – 당황

I feel satisfied – impressed – confused – guilty – ashamed – embarrassed.
난 만족스러워 – 감동 받았어 – 혼란스러워 – 죄책감이 들어 – 부끄러워 – 창피해, 당황스러워.

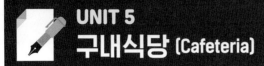

구내식당 [Cafeteria]

Unit 5 MP3

STEP 1 그림으로 익히는 필수 표현

벌써 배가 고파져요.

슬슬 배고파져요. 역시, 시계를 보니 점심 시간이 다 되어 가네요. 승강기 앞 사람들이 몰리는 시간을 피해 팀장님의 눈치를 보며 5분 빨리 식당으로 향합니다. 외국의 경우 주로 식당을 찾아가서 먹거나, 도시락을 싸가야 하는 경우가 많지만 오늘 우리가 살펴볼 회사는 멋진 구내식당을 갖추고 있어요. 구내식당에는 무엇이 있는지 살펴봅시다.

MP3 Unit 5_1

	표현	뜻
①	menu board	메뉴판
②	display cases	진열 케이스
③	sales clerk	점원
④	check-out counter	계산대
⑤	customer	손님
⑥	wait in line	줄을 서 기다리다
⑦	face each other	서로 마주보다
⑧	potted plant	화분에 심은 식물

구내식당은 보통 푸드 코트 형식으로 쟁반과 그릇을 들고 원하는 것을 구매하거나 받아와 테이블에서 먹습니다. 혼자 가서 먹을 수도 있지만, 동료들과 함께 먹게 되는 경우도 많을 텐데 매번 묵언수행 하다가는 영원히 혼자 먹을 수도 있어요. "임금님 귀는 당나귀 귀!"를 혼자 집에서 외치지 않으려면 지금부터 식사 시간에 유용하게 쓸 수 있는 영어 표현들을 배워봅시다.

주문하기 치킨 샌드위치와 아이스 커피 주세요.

💬 **Company Worker** 뭐 좀 먹으러 갑시다.   MP3 Unit 5_2

I'm starving.
My stomach is growling.
Let's have something to eat.
Let's have lunch now.
I'm feeling (a bit, a little) peckish.
Let's grab a bite.

배고파 죽겠어요.
배에서 꼬르륵 소리나요.
뭐 좀 먹으러 갑시다.
이제 점심 먹으러 갑시다.
(좀) 출출한 느낌이에요.
뭐 좀 먹으러 갑시다.

💬 **Sales Clerk** 주문하시겠습니까?   MP3 Unit 5_3

Next guest, please.
Are you ready to order?
Would that be all?
For here or to go?
Water is self-served.

다음 분 오세요.
주문하시겠습니까?
(주문하실 게) 그게 전부인가요?
여기서 드시나요, 포장인가요?
물은 셀프예요.

💬 Company Worker 주문할게요.

I'll have one chicken sandwich and one large iced coffee with 2 pumps of syrup.
I'll have the same.
For here (To go), please.
Can I order?

저는 치킨 샌드위치 하나랑 시럽 두 펌프 넣은 아이스 커피 라지로 한 잔 주문할게요.
저도 같은 걸로 주세요.
여기서 먹을게요 (포장해 갈게요).
주문할 수 있나요?

💬 Coworker 한국 음식 어때요?

What would you like to have for lunch?
How about Korean / Chinese / Japanese / Italian / Mexican?
Can you recommend a good place for lunch nearby?
I crave bibimbab.
I'd like to have some pizza.
There's a new restaurant right around the corner.
Let's grab something light.

점심 뭐 먹고 싶어요?
한국 / 중국 / 일본 / 이탈리아 / 멕시코 음식 어때요?
근처에 점심 먹을 만한 곳을 추천해줄 수 있나요?
저는 비빔밥이 땡기네요.
저는 피자가 먹고 싶어요.
모퉁이를 돌면 새로운 음식점이 있어요.
가벼운 음식을 먹어봐요.

Joanne's 표현 노트

추가 표현
- I know one decent (great, famous, authentic) restaurant nearby.
  근처에 괜찮은 (좋은, 유명한, 정통) 식당을 알아요.
- Honestly, the food there wasn't good. 솔직히 저 집 음식은 별로였어요.
- The food was worth the price. 그 음식은 돈이 안 아깝더라고요.
- It's coming right up. 바로 나와요.

험담하기 그 사람이 좀 그래요.

💬 Company Worker 그 사람 짜증나요.

MP3 Unit 5_6

I get so annoyed with Melisa.

James drives me crazy.

Charlotte is too direct.

Josh takes everything too personal.

Lisa is playing you against Lucy.

He's always on my nerves.

She's so indecisive.

멜리사 때문에 너무 짜증나요.

제임스가 사람 미치게 해요.

샬롯은 너무 직설적이에요.

조쉬는 모든 걸 너무 개인적으로 생각해요.

리사가 당신과 루시를 이간질하고 있어요.

그가 항상 신경에 거슬려요.

그녀는 너무 우유부단해요.

Joanne's 표현 노트

성격 묘사 추가 표현
- Conney has thick skin. 코니는 낯이 두꺼워요.
- Hank is a little slow-witted(dim-witted, tactless). 행크는 눈치가 좀 없어요.
- Amy is quick-witted(quick-sighted). 에이미는 눈치가(상황 판단이) 빨라요.
- Wendy fiddles around doing nothing. 웬디는 하는 일 없이 빈둥거려요.
- Rachel is a brown noser. 레이첼은 아부를 잘해요.
- Ben lacks confidence. 벤은 자신감이 부족해요.
- Liam can't hold his temper. 리암은 화를 참지 못해요.

 Joanne선배의 회사생활 TIP

다른 동료가 험담을 시작하면 "아, 오, 그래요? 우와, 세상에, 정말요?" 처럼 적당한 리액션으로 맞장구를 쳐주면 된다. 위의 표현을 적극적으로 활용하려고 시도하지는 말 것. 회사 생활이 피곤해질 수 있다.

그저 누가 내 얘기를 저렇게 하면 최소한 알아는 들어야 째려라도 볼 테니 숙지만 잘 해둘 것!

Coworker 그 사람이 원래 그래요.

MP3 Unit 5_7

Emily talks behind people's backs.

Jacob has been bad mouthing you.

Amelia spilled the beans.

That's the way she is.

Just ignore it.

Let's keep this between us.

You can take it from me.

에밀리는 사람들의 험담을 해요.

제이콥이 당신 험담을 하곤 해요.

아멜리아가 비밀을 누설했어요.

그녀는 원래 그래요.

그냥 무시하세요.

이 얘긴 우리 사이의 비밀로 해요.

내 말은 믿어도 돼요.

Joanne's 표현 노트

맞장구 표현

• Seriously? Really?	정말로요?
• I'm sorry to hear that.	그거 유감이네요.
• That's what I'm talking about.	내 말이 그 말이에요.
• You're telling me.	내 말이 그 말이에요.
• Tell me about it.	내 말이. / 그러게, 말도 마.

여가, 취미 묻고 답하기 여가 시간에 주로 뭐 하세요?

Coworker 여가 시간에 주로 뭐 하세요?

MP3 Unit 5_8

What do you usually do in your leisure time?

Reading makes me feel relaxed.

I take selfies to post on my SNSs.

I'm usually on SNS.

I watch my favorite TV show.

I usually cook with new recipes.

I watch new movies on Netflix (in the theater).

여가 시간에 주로 뭐 하세요?
책 읽는 것이 저를 편하게 만들어요.
SNS에 올리려고 셀카 사진을 찍어요.
전 보통 SNS를 해요.
제가 가장 좋아하는 TV 쇼를 시청해요.
저는 보통 새로운 레시피를 가지고 요리를 해요.
넷플릭스 (영화관)에서 새로운 영화를 시청해요.

💬 **Company Worker 가끔 쇼핑하러 가요.** MP3 Unit 5_9

I go grocery shopping twice a week.
I love shopping for clothes / shoes / cosmetics / food.
It's just fun to browse (window-shop) things.

일주일에 두 번 장보러 가요.
옷 / 신발 / 화장품 / 음식 쇼핑이 너무 좋아요.
그냥 구경만 하러 다녀도 재미있어요.

💬 **Company Worker 요즘 다이어트 중이에요.** MP3 Unit 5_10

I'm on a diet these days.
I play tennis with my friends.
I go walking / running / swimming / biking.
I've lost (gained) 10 pounds recently.
I think I'm in (poor) good health.

요즘 다이어트 중이에요.
친구들과 테니스를 쳐요.
산책 / 달리기 / 수영 / 자전거 타기를(을) 하러 가요.
최근에 10파운드(약 4.5kg) 뺐어요 (쪘어요).
건강이 (안) 좋은 것 같아요.

집, 가족 묻고 답하기 가족이 몇 명인가요?

💬 Coworker 가족이 몇 명이에요?

Who do you live with?
How big(large) is your family?
How many family members do you have?

누구랑 사세요?
가족이 몇 명이에요?
가족이 몇 명이에요?

> **Joanne's 표현 노트**
>
> **대답 표현**
> • I have a family of four. 가족이 4명이에요.
> • There are 7 people in my family. 가족이 총 7명이에요.
> • I live by myself. 혼자 살아요(자취해요).
> • I'm a single dad with 2 kids. 저는 아이 둘과 사는 싱글 아빠예요.

💬 Coworker 가족들은 잘 지내죠?

MP3 Unit 5_12

How's your family?
How are your parents?
Say hi to your family for me.
How old are your kids?

가족들은 잘 지내요?
부모님은 잘 계시죠?
가족들에게 안부 전해주세요.
아이들이 몇 살인가요?

💬 Company Worker 어디 사세요?

MP3 Unit 5_13

Where do you live?
I live in an apartment (a house) in Glendale.
I live at a rental.
I heard that you moved to a new house.

어디 사세요?
글렌데일에 있는 아파트 (주택)에 살아요.
월세로 살아요.
새 집으로 이사했다고 들었어요.

Biz Talk Guide

| 사교성을 높여주는 Small Talk 주제 ② |

Questions to get to know each other 서로를 알아가기 위한 질문

- What are the best and worst jobs you've ever had?
  여태까지의 직업 중, 가장 최고와 가장 최악의 직업은 무엇인가요?

- What is one thing you really like about yourself?
  스스로 가장 좋아하는 점은 무엇인가요?

- What part of your daily routine do you enjoy the most?
  하루 일과 중에 가장 즐기는 것은 무엇이 있나요?

- Do you have a pet? What is his/her name?
  If you could have any type of animal for a pet, what would it be?
  애완동물이 있나요? 이름이 무엇인가요?
  어떤 종류의 애완동물이든 기를 수 있다면, 무엇을 기르고 싶나요?

- What do you think you'll be doing in 10 years?
  10년 후 무엇을 하고 있을 것 같나요?

- What is your least favorite office task in general?
  일반적으로 가장 싫어하는 사무 업무는 무엇인가요?

- If you could go forward in time, what would you like to know?
  미래로 갈 수 있다면, 무엇을 알고 싶은가요?

- Have you ever met anyone famous in your life?
  살면서 유명한 사람을 만난 경험이 있나요?

- What is the best advice you've ever had?
  여태까지 받은 조언 중 가장 최고의 것은 무엇인가요?

- What is one of the things you have on your bucket list?
  버킷리스트에 있는 항목 중 한가지는 무엇인가요?

롤플레잉(상황극 훈련)을 통해 STEP 2에서 배운 표현을 완벽히 익혀봅시다.

 치킨 샌드위치와 아이스 커피 주세요.

MP3 Unit 5_14

상황극을 통해 역할을 바꾸어 가며 말하는 연습을 해봅시다.

Sales Clerk

Next guest, please.

Hi. Can I have one chicken sandwich and one large iced coffee with 2 pumps of syrup, please?

Company Worker

Sales Clerk

Sure. For here or to go?

For here. Thank you.

Company Worker

점원: 다음 분 오세요.
회사원: 안녕하세요. 치킨 샌드위치 한 개랑 시럽 두 펌프를 넣은 아이스 커피 라지로 한 잔 주실 수 있나요?
점원: 그럼요. 여기서 드시나요, 포장인가요?
회사원: 여기서 먹을게요. 감사합니다.

 표현 사전

guest 손님, 고객 syrup 시럽

여가 시간에 주로 뭐 하세요?

상황극을 통해 역할을 바꾸어 가며 말하는 연습을 해봅시다.

What do you usually do in your leisure time?

Company Worker

I play tennis with my friends because I'm on a diet these days.

Coworker

Wow. Good for you.

Company Worker

Yeah, I know. I've lost 10 pounds recently.

Coworker

회사원: 여가 시간에 주로 뭐 하세요?
동료: 요즘 다이어트 중이라 친구들과 테니스를 쳐요.
회사원: 와우. 좋네요.
동료: 맞아요. 최근에 10파운드 뺐어요.

표현 사전

usually 보통, 대개 leisure time 여가 시간 be on a diet 다이어트 중이다 lose weight 살이 빠지다 pound 파운드 (중량의 단위) recently 최근에

그림으로 익히는 필수 표현

몇 층 가세요?

한 층에 옹기종기 모여 근무하는 회사도 있지만 두 세 개 층을 한 회사가 사용하는 경우도 많습니다.
엘리베이터를 기다리거나 탈 때 화난 사람처럼 보이지 않으려면 간단한 인사말 정도는 알아야겠죠?
우선, 쉼 없이 움직이는 우리 회사의 엘리베이터 내부에는 무엇이 있는지 살펴봅시다.

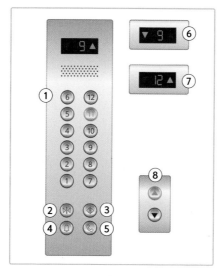

MP3 Unit 6_1

	표현	뜻
①	floor buttons	층 버튼
②	close button	닫힘 버튼
③	open button	열림 버튼
④	emergency button	비상 버튼
⑤	call button	전화 버튼
⑥	going down	내려가는
⑦	going up	올라가는
⑧	press the up (down) button	위 (아래) 버튼을 누르다

실전 표현

"몇 층 가세요?" Wow! 오늘도 쿨내가 진동하는 외국물 드링커 박 이사님. 외국에서 엘리베이터에 타면 먼저 타고 있던 사람이나 층수 버튼에 가까이 서있는 사람이 흔히 묻는 매너의 인사말인데, 웬일 인지 부끄럼 많은 우리에겐 꽤 큰 용기가 필요한 것 같아요. 오늘부터는 엘리베이터에 모르는 동료가 타도 쭈뼛대며 출입문만 노려보지 않도록 가벼운 대화를 나눌 수 있는 표현을 배워봅시다.

층 확인하기 몇 층 가세요?

 Company Worker 몇 층 가세요?　　　　　　　　　　　　　`MP3 Unit 6_2`

Hi. What(Which) floor (are you going to)?
Hi. Which floor is your office on?

안녕하세요? 몇 층 가세요?
안녕하세요? 사무실이 몇 층이에요?

 Coworker 여기가 몇 층이죠?　　　　　　　　　　　　　`MP3 Unit 6_3`

What floor (is this)?
Which floor is the sales department on?
What floor did you move to?
Is your new work station better?

여기가 몇 층이죠?
영업 부서가 몇 층인가요?
몇 층으로 이사하셨어요?
새 업무 공간이 더 좋은가요?

> **Joanne's 표현 노트**
>
> **추가 표현**
> - Oh, I'm sorry. I thought it was the 7th floor.　아, 죄송해요. 저는 여기가 7층인 줄 알았어요.
> - Oh, I missed it.　아, 놓쳤네요.
> - Never mind. I can go up (down) again.　괜찮아요. 다시 올라가죠 (내려가죠) 뭐.

Coworker 이 엘리베이터는 짝수 층만 서요. MP3 Unit 6_4

This elevator only stops at even (odd) numbers.
This elevator stops every other floor.
This elevator stops between floors.

이 엘리베이터는 짝수 (홀수) 층만 서요.
이 엘리베이터는 한 층씩 건너 서요.
이 엘리베이터는 두 개 층 사이에 서요.

Joanne's 표현 노트

추가 대답 표현
- You should go to the nearest floor and take the stairs.
  가장 가까운 층으로 가서 계단을 이용하세요.
- You can get off on the second floor and walk up. 2층에 내려서 계단으로 올라 가세요.
- Take the elevator to the closest floor and walk up (down).
  가장 가까운 층까지 엘리베이터를 타고 가서 계단으로 올라 (내려) 가세요.

잡담하기 날씨 정말 좋네요.

 Company Worker 날씨가 어때요? MP3 Unit 6_5

What's the weather like?
How's the weather outside now?
It's hot (humid, cloudy, windy, cold, snowing) outside.
It's freezing out there.
Spring is just around the corner.
It's so good (nice, beautiful) today.
It's raining cats and dogs.
It's boiling hot out there.

날씨가 어때요?
밖에 지금 날씨가 어때요?
밖이 더워요 (습해요, 구름 많아요, 바람 불어요, 추워요, 눈이 와요).
밖이 정말 추워요.
곧 봄이네요.
오늘 날씨가 너무 좋네요.
비가 억수같이 쏟아지고 있어요.
밖은 찌는 듯이 더워요.

💬 Coworker 그 얘기 들었어요?

Did you hear that Sam is getting married?
Did you hear that Roy is quitting?
Did you hear that Sue's father passed away?
Did you hear the news of the takeover(M&A)?

샘이 결혼한다는 것 들었어요?

로이가 그만둔다는 것 들었어요?

수의 아버지께서 돌아가셨다는 거 들었어요?

인수 합병 소식 들었어요?

💼 Joanne선배의 회사생활 TIP

엘리베이터 주변이나 안에서 나누는 얘기는 그날의 날씨나 가벼운 질문 정도가 적합하다.
"아, 잘 만났어요. 안 그래도 할 얘기가 있었는데요."라며 업무 얘기를 갑자기 시작하면 듣는 사람도
당황스럽고 같이 탄 다른 동료들에게도 민폐. 업무 이야기는 따로 만나서 하자.

💬 Company Worker 퇴근 후엔 좀 쉬려고요.

What are you going to do after work?
Any plans for this evening (this weekend)?
I don't know. No plan for tonight.
I'm going to have some rest (sleep).
I've got a date this evening.
I have to do some house chores for my wife.
I have to work overtime tonight.

퇴근 후에 뭐 할거에요?
오늘 저녁 (이번 주말)을 위한 계획이 있나요?
모르겠어요. 오늘 저녁은 아무 계획이 없네요.
좀 쉬려고요 (자려고요).
오늘 저녁에 데이트가 있어요.
아내를 위해 집안일을 좀 해야 돼요.
오늘 밤엔 야근해야 해요.

Joanne's 표현 노트

미국식 vs 영국식 층 표기법

미국은 1층이면 'first floor', 2층은 'second floor'처럼 'first'부터 서수로 붙여 올라가는 식이다.
영국은 1층을 'ground floor, ground level'이라고 하고 2층부터 'first floor'가 된다. 호주나 뉴질랜드도 이러
한 방식에 따라 층을 나눈다. 출장 전에 미리 알아 두면 당황하지 않을 수 있으니 참고!

Biz Talk Guide

| 사교성을 높여주는 Small Talk 주제 ③ |

Questions between close coworkers 가까운 사이의 질문

- If you were guaranteed to be successful, what job would you want?
  성공이 보장된다면, 어떤 직업을 갖고 싶은가요?

- What was your first job? Did you like it?
  첫 직업은 무엇이었나요? 그 직업을 좋아했나요?

- Are you reading any good books these days?
  요즘 읽고 있는 책이 있나요?

- What was the last movie that made you cry or laugh aloud?
  울거나 크게 웃게 만든 가장 최근에 본 영화는 무엇인가요?

- What's your go-to comfort food?
  힘들 때 위로가 될 만큼 나에게 딱 맞는 음식은 무엇이 있나요?

- Are there any foods that you would never want to eat?
  절대 먹고 싶지 않은 음식이 있나요?

- What are the best cheap eats around here?
  주변의 아주 좋은 저렴한 음식(가성비 좋은 음식)은 무엇인가요?

- What's the best hidden gem in the neighborhood?
  근처의 숨겨진 명소는 무엇인가요?

- If you could fly anywhere for free, where would you go?
  무료로 어디든 비행기를 타고 이동할 수 있다면, 어디를 갈건가요?

- What's the next trip you've planned or thought about?
  계획했거나 생각해본 다음 여행지가 있나요?

- What's your favorite thing to do around here on the weekends?
  주말에 이 주변에서 가장 좋아하는 활동은 무엇인가요?

롤플레잉(상황극 훈련)을 통해 STEP 2에서 배운 표현을 완벽히 익혀봅시다.

 몇 층 가세요?

MP3 Unit 6_8

상황극을 통해 역할을 바꾸어 가며 말하는 연습을 해봅시다.

Company Worker

Hi. What floor?

Hi, third floor please. Thank you.

Coworker

Company Worker

Um, this elevator only stops at even numbers.

Really? OK, then I can get off
on the second floor and walk up.

Coworker

회사원: 안녕하세요. 몇 층 가세요?

동료: 안녕하세요, 3층이요. 감사합니다.

회사원: 음, 이 엘리베이터는 짝수 층에만 서요.

동료: 정말요? 알겠어요, 그럼 2층에 내려서 걸어 올라가죠, 뭐.

 표현 사전

floor 층, 바닥 even 짝수의 get off (차나 이동수단에서) 내리다

날씨가 어때요?

상황극을 통해 역할을 바꾸어 가며 말하는 연습을 해봅시다.

How's the weather outside now?

Company Worker

It's really freezing outside today.

Coworker

Oh, no. I hate winter, you know?

Company Worker

Me too, but guess what? Spring is around the corner.

Coworker

회사원: 지금 밖에 날씨가 어떤가요?

동료: 밖이 정말 추워요.

회사원: 오, 저는 겨울이 정말 싫어요.

동료: 저도요, 그치만 그거 알아요? 이제 곧 봄이랍니다.

 표현 사전

freezing 너무 추운 guess what 있잖아, 이봐

3

Chapter

Biz Talk - Office

" 이번 챕터에서는 사무실에서
전화로 소통하고 외국 동료와 업무 하고
온라인 업무를 하고
회사 물품을 사용할 때 필요한
비즈니스 표현과 회화를 연습해 봅시다. "

사무실

UNIT 7
전화 업무 (Office Phone Calls)

Unit 7 MP3

그림으로 익히는 필수 표현

통화 가능하세요?

직장 생활을 하다 보면 하루에도 수차례 전화를 해요. 외국에서 직장 생활을 하거나 해외 영업팀에 근무하면서 가장 어려운 것 중의 하나가 바로 전화 업무하는 것입니다. 전화로 업무를 할 때 가장 중요한 것은 명확하고 정확한 의사소통입니다. 전화 업무 시 소통 능력치를 만렙으로 올려주는 영어 표현을 배워봅시다.

MP3 Unit 7_1

	표현	뜻
①	telephone	전화기
②	receiver	수화기
③	talk on the phone	전화 통화하다
④	call back	다시 전화 걸다
⑤	cell phone	핸드폰
⑥	hold the receiver to one's ear	수화기를 귀에 대다
⑦	put a call through	전화를 연결하다
⑧	hang up	전화를 끊다

STEP 2 실전 표현

전화는 이메일과 함께 가장 많이 사용하는 비즈니스 커뮤니케이션이에요. 이메일과 비교해서 실시간으로 대화를 주고받을 수 있어 좀 더 친숙하게 여겨지지만 아무리 짧은 통화라 할지라도 말 한마디에 따라 호감과 비호감이 판가름 난다는 것을 명심하면서 전화 영어 표현을 배워봅시다.

전화 걸고 받기 통화 가능하세요?

 Company Worker 안녕하세요, 저는 ~입니다.   MP3 Unit 7_2

Hi, this is Melanie from New York Headquarters.
Could I speak with Kevin Donaty, please?
May I speak to Victoria Ashwood in the marketing department?
Hello, this is Jason calling from California Steel Company.
Is John Adams there?

안녕하세요, 저는 뉴욕 본사의 멜라니라고 합니다.
케빈 도나티씨와 통화할 수 있을까요?
마케팅 부서의 빅토리아 애쉬우드씨와 통화할 수 있을까요?
안녕하세요, 저는 캘리포니아 철강 회사의 제이슨입니다.
거기 존 아담스씨 계신가요?

Company Worker 실례지만 방금 전화했던 사람인데요.   MP3 Unit 7_3

Hi, I just called a minute ago.
I'm returning your call.
I was just on the phone with you.
I'm calling on behalf of Ms. Bolt.

안녕하세요, 방금 전에 전화했었는데요.
(전화 하셔서) 다시 전화 드립니다.
방금 전 통화했던 사람인데요.
볼트씨를 대신해 제가 전화 드립니다.

💬 **Coworker 잠시만요, 전화 연결해 드릴게요.** MP3 Unit 7_4

One moment. I'll transfer your call to her.
Please stay on the line.
Please hold, I'm putting you through now.

잠시만요. 제가 그녀에게 전화를 연결해 드릴게요.
끊지 말고 기다려 주세요.
잠시만 기다리세요, 지금 연결 중입니다.

💬 **Coworker 전화 바꿨습니다.** MP3 Unit 7_5

Hello, this is Hailey speaking.
Thank you for calling, this is Presley.
Hello, Mandy, finance department.

안녕하세요, 헤일리입니다.
전화 주셔서 감사합니다, 프레슬리입니다.
안녕하세요, 재무 부서의 맨디입니다.

Joanne's 표현 노트

축약 표현
- This is she (he). 접니다.
- Speaking. 전화 바꿨습니다.
- Who's calling(speaking), please? 실례지만 전화하시는 분이 누구시죠?

💬 **Coworker 무슨 일로 전화하셨나요?** MP3 Unit 7_6

What can I do for you?
May(Can) I ask what it's about?
How may(can) I help you?
Which company are you from?

무엇을 도와드릴까요?
무슨 일로 전화하셨나요?
어떻게 도와드릴까요?
어느 회사에서 전화하시는 건가요?

💬 **Coworker** 지금 자리에 안 계세요.

MP3 Unit 7_7

I'm sorry, he's out(not in the office) right now.

He's in a meeting right now.

He will be back soon.

Would you like to leave a message for her?

She's on the other line.

She is coming back in an hour or so.

He is out of the office for the rest of the day.

He no longer works here.

죄송하지만 그는 지금 자리에 없어요.

그는 지금 회의 중이에요.

그는 곧 돌아올 거예요.

그녀에게 메시지를 남기시겠어요?

그녀는 다른 전화를 받고 있어요.

그녀는 한 시간쯤 뒤에 다시 돌아올 거예요.

그는 남은 하루 동안 외부에 있을 예정이에요.

그는 더 이상 여기서 근무하지 않아요.

💬 **Company Worker** 전화 왔었다고 전해주세요.

MP3 Unit 7_8

Would(Can) you tell him I called?

I'll call him back then.

May(Can) I leave a message for her?

Would(Can) you ask her to call me back?

그에게 제가 전화했었다고 전해주시겠어요?

그럼 제가 다시 걸게요.

그녀에게 메시지 남길 수 있을까요?

그녀에게 다시 전화해 달라고 전해주시겠어요?

Company Worker 제 이름과 전화번호입니다. MP3 Unit 7_9

My name is Jun Hyuck. I'll spell that for you. J for joy, U for uniform, N for November, H for hotel, Y for yellow, U for unicorn, C for car, and K for kind. My phone number is two one three, double seven two, four O(zero) eight O(zero).

제 이름은 준혁입니다. 철자를 불러 드릴게요. 조이의 J, 유니폼의 U, 노벰버의 N, 호텔의 H, 옐로우의 Y, 유니콘의 U, 카의 C, 카인드의 K예요.

제 전화번호는 213-772-4080입니다.

Joanne's 표현 노트

질문 표현
- Could you repeat that again? 다시 한번 말해 주시겠어요?
- Could you speak a little louder? 조금 크게 말해 주시겠어요?
- Is that correct? 그게 맞나요?

답변 표현
- I got it. / I've got that. 네, 알겠습니다.
- Exactly. / Yes, that's it. / You got it. 네, 맞습니다.

전화로 업무 조율하기 다음 주 중에 시간 어떠세요?

Company Worker 시간은 언제가 좋으세요? MP3 Unit 7_10

What's a good time for you?
Are you free at 5 today?
Why don't we schedule our next meeting?
When's the earliest possible time?
How about some time next week?
Is it possible to visit us sometime next week?

언제 시간이 괜찮으신가요?
오늘 5시에 시간 괜찮으신가요?
다음 회의의 일정을 잡는 게 어떨까요?
가능한 가장 빠른 시간이 언제인가요?
다음 주 정도가 어떠신가요?
다음 주 쯤 저희에게 방문해주실 수 있을까요?

약속 확인 표현

• I just called to confirm our meeting next week.
  다음 주 저희의 회의를 확인하기 위해 전화드렸습니다.

• Are we all set? (준비가) 다 되었나요?

답변 표현

• Hold on (for) a second. 잠시만 기다려주세요.
• One second, let me check my schedule first. 잠시만요, 제 일정 좀 먼저 확인해볼게요.
• I'll call you when I figure out my schedule. 제가 일정을 알아보고 전화드리겠습니다.
• One moment, please. 잠시만요.

💬 Coworker 전화로 업무 요청하기

MP3 Unit 7_11

I'm calling to discuss some issues.
Do you have a minute to talk about the report you sent me?
I was wondering if you could email me the documents.
Can you please fix the meeting schedule by 3 today?
Jocelyne told me to call you and arrange the meeting schedule.

몇 가지 문제를 논의하고자 전화드렸습니다.
보내주신 보고서에 관해 얘기를 나눌 시간 좀 내주시겠어요?
문서를 이메일로 전송해주실 수 있을지 궁금합니다.
오늘 3시로 회의 일정을 잡아줄 수 있나요?
조슬린이 전화 드리고 회의 일정을 잡으라고 했어요.

잘못된 업무 연락이 왔을 때 표현

• I think you might have sent an email to another person.
  다른 사람에게 이메일을 보내신 것 같아요.

• I didn't receive your reply. 당신의 답변을 받지 못했습니다.

• I'm afraid I didn't get your message. Can you please send it again?
  메시지를 받지 못한 것 같아요. 다시 보내주시겠어요?

Company Worker 전화로 업무 문의하기

MP3 Unit 7_12

Should I book a conference room?
Could you check your email right away?
Can you please remind me of the date?
I'd like to ask about the schedule of the annual conference meeting.
I have a quick question about the document you sent me.
Why did you push back the deadline?

회의실을 예약해야 하나요?
이메일을 바로 확인해 주시겠어요?
날짜를 다시 한 번 알려주시겠어요?
연례 컨퍼런스 회의의 일정을 여쭤보고 싶어요.
보내주신 문서에 대해 간단한 질문이 있습니다.
왜 마감 시간을 연장하셨나요?

급한 사항 전달하기 제 시간에 도착하지 못할 것 같아요.

Company Worker 전화로 급한 상황 알리기

MP3 Unit 7_13

I don't think I will make it on time.
Sorry, something unexpected popped up(came up), so I can't be there.
I don't think I will be(arrive) there on time.
I'm in the middle of a meeting.
I'm afraid I won't be able to make today's meeting.
I'm sorry, but this afternoon's meeting is canceled.
Can I call you back later on?

제 시간에 가지 못할 것 같아요.
죄송해요, 예상치 못한 일이 생겨서 거기에 가지 못할 것 같아요.
거기에 제 시간에 도착하지 못할 것 같아요.
회의 중입니다.
오늘 회의에 가지 못할 것 같아요.
죄송해요, 오늘 오후의 회의는 취소됐어요.
나중에 다시 전화 드려도 될까요?

Coworker 전화로 약속 조정하기

I'm sorry, but we need to reschedule for the following week.
Can we see each other a little earlier (later)?
Shall we postpone the meeting until next week then?
Can we put it off until tomorrow?
When can we reschedule?

죄송하지만 다음 주로 일정을 재조정해야 합니다.
조금 일찍 (늦게) 볼 수 있을까요?
그러면 다음 주까지 회의를 미뤄야 할까요?
내일까지 미룰 수 있을까요?
언제로 일정을 재조정할 수 있을까요?

Joanne's 표현 노트

추가 표현
- Shall we say at 4 instead? 대신 4시는 어떠세요?

전화가 잘 안 들릴 때 다시 말씀해 주시겠어요?

Company Worker 다시 말씀해 주시겠어요?

I can't hear you well.
Could you repeat that again?
You are breaking up.
Could you speak a little louder?
It keeps on breaking(cutting out).
Could you speak more slowly(a bit slower), please?

(전화가) 잘 들리지 않아요.
다시 한번 말씀해 주시겠어요?
소리가 끊기네요.
조금 크게 말씀해 주시겠어요?
계속 끊기네요.
좀 더 천천히 말씀해 주시겠어요?

불만, 문제점 제시하기 이 부분이 불만입니다.

💬 Company Worker 이 부분이 불만입니다.

We are actually unhappy with your service.
Your merchandise doesn't look as good as we expected.
We've already received several customer complaints about the defective items.

사실은 여러분의 서비스에 불만족스럽습니다.
예상했던 것만큼 물건이 좋아 보이지 않네요.
이미 고객들로부터 불량 제품과 관련된 항의를 받았습니다.

💬 Company Worker 어떻게 해주실 수 있나요?

MP3 Unit 7_17

What can you do for us?
Can I just get a refund?
I would rather return(exchange) the item.
We need to know what went wrong with the service.
How can we sort this out quickly?

무엇을 해주실 수 있나요?
환불받을 수 있을까요?
차라리 물건을 반품(교환)할게요.
서비스의 어느 부분이 잘못된 것인지 알아야 합니다.
어떻게 문제를 빨리 해결할 수 있을까요?

💬 Seller 죄송합니다, 해결해 드릴게요.

MP3 Unit 7_18

We apologize for the inconvenience.
We will adjust your claim immediately.
We're terribly sorry for this issue.
We'll send the corrected order right away.

불편을 끼쳐드려 죄송합니다.
보상 요구를 바로 해결해 드리겠습니다.
해당 문제와 관련해 대단히 죄송합니다.
정확한 주문(물품)을 바로 보내 드리겠습니다.

Biz Talk Guide

| 회의 관련 표현 |

- meeting   (소규모) 회의
- conference   (상대적으로 대규모의) 회의
- board meeting   이사회 회의
- seminar   세미나, (교육을 목적으로 하는) 회의
- session   회의 기간, (특정 활동을 위한) 시간
- (meeting) minutes   회의록
- agenda   안건, 의제
- main issue/topic   요점, 주요 화제
- handout   인쇄물, 유인물
- material   자료

- schedule a meeting   회의 일정을 잡다
- reschedule   일정을 변경하다

- workshop   연수회, 워크샵
- orientation   예비 교육, 사전 교육
- training session   교육 과정
- team building activities   팀워크 강화 활동
- ice breaking activities   어색함을 풀기 위해 간단한 이야기를 나누며
  서로를 알아가는 활동

- launch   출시 행사, (상품을) 출시하다
- strategy   전략, 계획
- kickoff meeting   킥오프 미팅, 개시 회의

롤플레잉(상황극 훈련)을 통해 STEP 2에서 배운 표현을 완벽히 익혀봅시다.

 통화 가능하세요?

MP3 Unit 7_19

상황극을 통해 역할을 바꾸어 가며 말하는 연습을 해봅시다.

Company Worker

Hi, this is Melanie from New York Headquarters.
Could I speak with Kevin Donaty, please?

Coworker

Sure. Please stay on the line.
I'm sorry, he's out right now.
Would you like to leave a message for him?

Company Worker

No, I'll call him back then.
Thank you.

회사원: 안녕하세요, 저는 뉴욕 본사의 멜라니에요. 케빈 도나티씨와 통화할 수 있을까요?
동료: 네. 끊지 말고 기다리세요. 죄송하지만 지금 자리에 안 계시네요. 메시지 남기시겠어요?
회사원: 아니요, 그럼 제가 다시 걸게요. 감사합니다.

 표현 사전

headquarter 본사, 본부 stay on the line 끊지 않고 기다리다 out 자리에 없는, 외출 중인
call back 다시 전화를 하다

제 시간에 도착하지 못할 것 같아요.

상황극을 통해 역할을 바꾸어 가며 말하는 연습을 해봅시다.

Company Worker

Sorry, something unexpected came up, so I can't be there on time.

Can we see each other a little later then?

Coworker

Company Worker

One second, let me check my schedule first. Shall we say at 4 tomorrow?

OK. I'll see you tomorrow then.

Coworker

회사원: 죄송해요, 예상치 못한 일이 생겨서 제 시간에 가지 못할 것 같아요.
동료: 그러면 조금 늦게 볼 수 있을까요?
회사원: 잠시만요, 제 일정 좀 먼저 확인해 볼게요. 내일 4시는 어떠세요?
동료: 알겠어요. 그럼 내일 뵐게요.

표현 사전

unexpected 예상 밖의, 뜻밖의 come up 생기다, 발생하다 on time 정각에

UNIT 8
동료와의 업무(Working with Coworkers)

Unit 8 MP3

STEP
1 그림으로 익히는 필수 표현

이 업무 좀 부탁드립니다.

책상에 앉아 일하고 있노라면 앞 동료가 업무 질문을 하고, 옆 동료가 회의하자고 압박하고, 뒷 동료가
이것저것 부탁을 합니다. 정신없이 돌아가는 동료와의 업무 공간을 살펴봅시다.

MP3 Unit 8_1

	표현	뜻
①	coworker	동료
②	file drawers	서류 서랍장
③	desktop monitor	데스크탑 모니터
④	have a desk job	사무직에 종사하다, 사무를 보다
⑤	check one's email	이메일을 확인하다
⑥	have a meeting	회의를 하다
⑦	memo board	메모판
⑧	white board	흰색 칠판

실전 표현

동료와의 업무가 직장 생활에서 가장 까다롭고 힘들 수 있어요. 업무 자체가 힘들고 어려울 수도 있지만 같이 일하는 동료가 경험이 없거나 나와 업무 스타일이 다를 수도 있겠죠. 동료와의 업무는 한국말로도 어려운데 영어로는 더욱 쉽지 않을 테니! 지금부터 동료와의 업무를 매끄럽게 처리해주는 다양한 영어 표현들을 배워봅시다.

칭찬하기 타이가 잘 어울려요.

 Coworker 오늘 정말 멋지네요.   MP3 Unit 8_2

You look good (great, awesome) today!
Your tie suits you well today.
I like your suit (dress, hair).
It looks good on you.
You got your hair cut.

오늘 정말 멋지네요!
오늘 타이가 잘 어울리시네요.
오늘 정장이 (드레스가, 머리가) 멋지네요.
잘 어울리네요.
머리 자르셨네요.

 Coworker 잘하셨더군요!   MP3 Unit 8_3

Good job! Great work!
You've done amazing.
Your presentation was just perfect.

잘하셨어요! 수고하셨습니다!
너무 잘 해주셨어요.
당신의 프레젠테이션은 완벽했어요.

💬 Company Worker 과찬이십니다. MP3 Unit 8_4

I'm so flattered.
That's very kind of you.
Thank you for saying so.
I appreciate your kindness.

너무 과찬이세요.
정말 친절하시네요.
그렇게 말씀해 주셔서 감사합니다.
친절에 감사드려요.

💬 Coworker 회사가 잘 돌아가니 좋습니다. MP3 Unit 8_5

Our product went viral.
Our new services are in high demand.
The company is branching out.

우리 제품이 입소문이 났습니다.
우리의 새로운 서비스의 수요가 많습니다.
회사가 확장하고 있습니다.

Joanne's 표현 노트

대답 표현
• That's good. Tell me more about it. 좋네요. 더 자세히 말씀해 주세요.

도움 주고받기 자료 좀 부탁드립니다.

💬 **Company Worker 이 업무 좀 부탁드립니다.**

MP3 Unit 8_6

Can you please review(proofread) my report?
Would you mind helping me with the report?
Please let me know your decision by tomorrow.
Can you please share this information with your coworkers in your division?
Can you please send me the proposal by this afternoon?
Please CC(Carbon Copy) me when you send an email to our vendors.
Please give me more details about your research data.
If it is possible, please extend the deadline for our team.

제 보고서를 검수해 주시겠어요?
이 보고서 쓰는 것을 도와주시겠어요?
내일까지 당신의 결정 사항을 알려주시기 바랍니다.
당신의 부서에 있는 동료들에게 이 정보를 공유해 줄 수 있나요?
제안서를 오늘 오후까지 전송해 주실 수 있나요?
우리의 판매사에 이메일을 보낼 때는 저도 참조에 포함해 주세요.
당신의 조사 자료와 관련해 더 자세한 사항을 전해 주세요.
가능하다면, 저희 팀의 마감 일자를 늘려주세요.

💬 **Coworker 우편물 좀 부탁드립니다.**

MP3 Unit 8_7

Could you check my mail box?
Is there any mail for me?
Have you got any package for me?
Could you send it via (motorbike) courier?
The mailman will be here within 15 minutes.
Please send those packages to our suppliers before 3 today.

제 우편함을 확인해 주실 수 있나요?
저한테 온 편지가 있나요?
저한테 온 소포가 있나요?
(오토바이) 택배로 보내주실 수 있나요?
15분 안에 우체부가 도착할 것입니다.
그 소포들을 오늘 3시 이전에 저희의 공급 회사로 전송해 주세요.

💬 Company Worker 시간이 없어요.

I never got around to it.
I was just about to.
We have plenty of time.
I bought us some time.
It takes some time.
You can take your time.

그걸 들여다 볼 시간도 없었어요.
막 하려던 참이었어요.
우리는 시간이 아주 많아요.
제가 시간 좀 벌어 놨어요.
시간이 좀 걸릴 거예요.
서두르지 않아도 돼요.

Joanne's 표현 노트

시간이 부족할 때 추가 표현
- There's no time to lose. 지체할 시간이 없습니다.
- I'm in a hurry to get to a meeting. 회의에 가느라 바쁩니다.
- We're running out of time. 저희는 시간이 부족해요.

💬 Coworker 이렇게 하면 됩니다.

This is how you forward an email.
Let me show you how to write the report.
You should make copies of this file.
Once you get the hang of it, it's not that hard.

이렇게 이메일을 전달하면 됩니다.
보고서를 어떻게 쓰는지 보여 드릴게요.
이 파일의 복사본을 만들어 놓아야 합니다.
일단 요령만 알면, 그다지 어렵지 않아요.

💬 **Coworker 제가 한번 해볼게요.**

No problem. / Sure. / Don't worry. / Of course. / OK, it's doable.
I'll sort things out.
I can handle this.
I'll double check.
I'll look into it.

문제 없습니다. / 그럼요. / 걱정 마세요. / 당연하죠. / 네, 가능합니다.
제가 처리할게요.
제가 처리할 수 있어요.
제가 다시 한번 확인하겠습니다.
제가 자세히 살펴보겠습니다.

Joanne's 표현 노트

반대 표현
- I'm sorry but I have tons of work to do. 죄송하지만 할 일이 태산이에요.
- It's not doable by tomorrow. 내일까지는 못해요.
- Please ask Lindsey (someone else). 린지에게 (다른 사람에게) 부탁해 주세요.

💬 **Coworker   더 필요한 게 있으면 알려주세요.**

Let me know if there's anything I can do for you.
If you need more help, I'm happy to help you with it.
Please call me if you have any questions.
Please check them first and let me know if you have any questions.

제가 도울 수 있는 게 있다면 알려주세요.
도움이 더 필요하다면, 기꺼이 도와드릴게요.
질문이 있다면 전화주세요.
먼저 확인해 보시고 질문이 있다면 알려주세요.

Company Worker 도움 주셔서 감사합니다.

MP3 Unit 8_12

Thank you for your help (in advance).
I appreciate your help.
Thank you for your cooperation.

도움에 (미리) 감사드립니다.
도움에 감사드립니다.
협조해 주셔서 감사합니다.

행사, 회의 준비하기 행사 일정 공유합니다.

 Coworker 회의 내용 좀 정리해볼까요?

MP3 Unit 8_13

What will this (upcoming) meeting be about?
Can you inform(remind) me about today's agenda?

(다가오는) 회의는 무엇에 관한 것인가요?
오늘의 안건에 대해 알려주실 수 있나요?

Joanne's 표현 노트

대답 표현
- We will talk about the new product launch event.
  우리는 새로운 상품 출시 이벤트에 관해 대화를 나눌 것입니다.
- The agenda (main issue) is about X10 project. 안건은 X10 프로젝트와 관련된 것입니다.

 Company Worker 행사 일정 공유합니다.

MP3 Unit 8_14

There will be a new employee orientation next Monday.
The workshop will be held on August 3rd in New York.
The schedule is subject to change.
I'll let you know in advance if there's any change.
Tomorrow will be a big day because we have a tight schedule.

신입 사원 오리엔테이션이 다음 주 월요일에 있을 예정입니다.

워크샵은 8월 3일에 뉴욕에서 열릴 것입니다.

일정은 변경될 수 있습니다.

변동이 있다면 미리 알려드리겠습니다.

바쁜 일정이 있기 때문에 내일은 중요한 날입니다.

💬 Company Worker 사전 준비될 사항입니다.

MP3 Unit 8_15

The total attendees will be about 200 people.

Kelly will usher people at the main entrance.

Daniel will be in charge of handling our staff and catering service.

We will prepare extra chairs and tables just in case.

모든 참석자는 약 200명 정도가 될 것입니다.

켈리가 중앙 출입구에서 사람들을 안내할 것입니다.

다니엘이 우리의 직원들과 연회 서비스를 관리하는 책임을 질 것입니다.

만일을 대비해 여분의 의자와 테이블을 준비하겠습니다.

Joanne선배의 회사생활 TIP

동료들과 함께 업무를 하다 보면 서로 도움을 주고받을 때가 있다. 감사의 표현으로 커피나 점심, 저녁 등을 대접하고 싶은데 마땅히 떠오르는 것이 "I'll buy you some dinner later."이나 "Let me get you some coffee." 등의 다소 평범한 표현 밖에 없다면 아래의 센스 넘치는 표현을 통해 식사와 더불어 감사의 마음을 맘껏 표현해보자!

• It's my treat.	이건 제가 살게요.
• Let me treat you.	제가 대접할게요.
• I'll treat you to some coffee.	커피 사드릴게요.
• It's on me.	제가 살게요.
• I got this, don't worry about it.	제가 살테니 걱정마세요.
• It's my round.	제가 살게요.

보다 캐주얼한 표현으로, 보통 술자리와 관련되어 사용. 비슷하지만 호주식 표현으로는 "It's my shout"을 사용할 수 있다.

• I owe you one!	고마워요 신세졌어요.

직접적으로 무언가를 대접하겠다는 의미는 아니지만, 도움을 받았을 때 "고마워, 신세졌어!"를 나타내는 표현

STEP 3 실전 롤플레잉

롤플레잉 연습하기

롤플레잉(상황극 훈련)을 통해 STEP 2에서 배운 표현을 완벽히 익혀봅시다.

 오늘 정말 멋지네요.

MP3 Unit 8_16

상황극을 통해 역할을 바꾸어 가며 말하는 연습을 해봅시다.

회사원: 오늘 정말 멋져 보이네요!
동료: 오, 그렇게 말씀해 주셔서 감사합니다.
회사원: 정장이 잘 어울리시네요.
동료: 와우, 과찬이십니다.

 표현 사전

awesome 멋있는, 최고의 suit 정장 be(feel) flattered 으쓱해지다

보고서 좀 도와주세요.

상황극을 통해 역할을 바꾸어 가며 말하는 연습을 해봅시다.

Company Worker

Would you mind helping me with the report?

Coworker

**Sure. Let me show you how to write the report.
Let me know if there's anything else
I can do for you.**

Company Worker

Thanks for all your help.

회사원: 이 보고서 쓰는 것을 좀 도와주시겠어요?

동료: 그럼요. 보고서를 어떻게 쓰는지 알려 드릴게요. 다른 도와드릴 것이 있다면 말해 주세요.

회사원: 도움에 감사드립니다.

 표현 사전

mind 언짢아하다, 상관하다 report 보고서, 보고

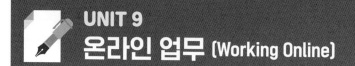

UNIT 9
온라인 업무 (Working Online)

Unit 9 MP3

그림으로 익히는 필수 표현

자료는 이메일로 보내드릴게요.

직접 만나 논의하고 회의하던 업무 방식은 점점 사라지고 요즘은 모든 업무가 온라인을 통해 처리되고
공유되는 세상이죠. 이메일로 서류를 공유하고 메신저로 회의를 대신하며 공지로 전체 직원과 소통도
가능합니다. 지금부터 업무의 핵심, 온라인 업무에 대해 살펴봅시다.

MP3 Unit 9_1

	표현	뜻
①	type on the keyboard	키보드를 치다
②	spiral notepad	스프링 노트
③	documents	문서
④	webcam chatting	화상 채팅
⑤	mouse	마우스
⑥	cell phone	핸드폰
⑦	a cup of coffee	커피 한 잔
⑧	tablet PC	태블릿

잠자는 시간만 빼고 계속 이메일이 와서 괴롭던 때가 생각나네요. 요즘은 언제 어디서든 대량의 정보 교환과 공유가 가능해지면서 국내뿐만 아니라 글로벌 비즈니스를 하는 기업이 늘어나고 있습니다. 외국 동료, 해외 바이어, 해외 지사 등 더 넓고 다양한 채널과의 소통은 빠질 수 없겠죠? 다시 말해 많은 직장인들에게 영어 이메일이나 영어 문서를 잘 작성하는 것이 필수 능력이 되었다는 뜻! 글로벌 시대를 리드하기 위해 우리가 꼭 알아야 하는 온라인 업무 필수 표현을 알아봅시다.

이메일 쓰기 요청하신 자료를 보냅니다.

💬 **Company Worker** 저는 대산의 샬롯입니다.　　　MP3 Unit 9_2

> I'm Charlotte from Big Mountain.
> I'm Grace, in charge of the office management at RH.
> I'm the one who talked to you on the phone yesterday.
> I'm Olivia, responsible for the TOK project at Doogle.
> I was referred to you by my supervisor, Linda Gibson.
> It's been a long time since the last email.

저는 대산의 샬롯입니다.

RH에서 사무 관리를 담당하고 있는 그레이스입니다.

어제 전화로 대화를 나누었던 사람입니다.

두글에서 TOK 프로젝트를 담당하고 있는 올리비아입니다.

제 선임인 린다 깁슨으로부터 소개받았습니다.

마지막 이메일 이후로 오랜만입니다.

💬 **Company Worker** 이 이메일을 쓰는 이유는,　　　MP3 Unit 9_3

> I'm emailing you to express our interests in your latest products.
> I'd like to inquire about the prices of your bestselling products.
> The purpose of this email is to confirm the orders and invoices.

당신의 최신 제품에 관심이 있어서 이메일을 드립니다.

가장 많이 팔린 상품의 가격을 문의하고 싶습니다.

본 메일의 목적은 주문과 송장을 확인하기 위함입니다.

💬 Company Worker 저희가 원하는 것은 ~입니다. MP3 Unit 9_4

I'd like to visit your factory someday next week.
We'd like to participate in the marketing meeting.
Let us have the opportunity to negotiate the price.
We'd appreciate knowing what discounts you can make.
We require your confirmation regarding our previous proposal.

다음 주 언젠가에 당신의 공장에 방문하고 싶습니다.
마케팅 회의에 저희도 참석하고 싶습니다.
가격을 협상할 수 있는 기회를 갖고 싶습니다.
어떤 할인을 해줄 수 있는지를 알려주신다면 감사하겠습니다.
저희가 드린 이전 제안에 대한 당신의 승인이 필요합니다.

💬 Company Worker 승인이 거절되었음을 알립니다. MP3 Unit 9_5

We're sorry to tell you that your request was not approved.
We regret that your conditions cannot be accepted.

죄송하지만 당신의 요청이 승인되지 않았습니다.
당신의 조건이 승인될 수 없음에 유감을 표합니다.

💬 Company Worker 이렇게 해주실 수 있을까요? MP3 Unit 9_6

Could you please send us some samples of your new products?
Would it be OK with you if we had a meeting after 5 p.m. tomorrow?
I'm wondering if you had time to review the report.
I'd appreciate it if you could cover for me.
Could you give us more details on the new management programs?

새로운 제품의 샘플을 보내주실 수 있을까요?
내일 5시 이후에 회의를 하는 것이 괜찮을까요?
보고서를 검수해 주실 시간이 있는지 궁금합니다.
저 대신 업무해 주실 수 있다면 감사하겠습니다.
새로운 운영 프로그램에 대한 세부 사항을 알려주실 수 있을까요?

추가 표현

• Please note that all our stores will be closed at 3 p.m. this Friday.
  이번 주 금요일에 저희의 모든 가게가 오후 3시에 영업을 종료하는 것을 참고해 주세요.

💬 Company Worker 요청하신 자료를 보냅니다.

MP3 Unit 9_7

Please check the attachments.
I'm sending you the documents you've requested.
Please consider the two files attached to this email.
I'll email you the information you need.
I've attached a new product list.
Attached documents are 2 proposals.

첨부된 파일을 확인해주세요.
요청하신 자료를 보냅니다.
본 메일에 첨부된 2개의 파일을 자세히 봐주세요.
필요하신 정보를 이메일로 보내 드리겠습니다.
신제품 목록을 첨부하였습니다.
첨부 파일에 2개의 제안서가 있습니다.

💬 Company Worker 지금은 휴가 중입니다.

MP3 Unit 9_8

Due to a personal matter, I will not be at the desk until May 16th.
If you have an urgent issue, please call me at 213-583-9972.
I'll be back on June 2nd.
I'll call you as soon as I return.
If you have an emergency, please email me at jef.woo@doogle.com.
Molly will fill in for me while I'm away.

개인적인 사유로, 5월 16일까지 자리를 비울 예정입니다.
급한 용무가 있다면, 213-583-9972로 전화주세요.
저는 6월 2일에 돌아올 것입니다.
제가 돌아오는 대로 (업무에 복귀하는 대로) 전화 드리겠습니다.
위급한 상황이 발생한다면, jef.woo@doogle.com으로 이메일 주세요.
제가 자리를 비우는 동안 몰리가 저를 대신해 업무를 할 예정입니다.

 **Company Worker** 답변 기다리겠습니다. MP3 Unit 9_9

We look forward to hearing from you soon.
Please reply to us as soon as possible.
Thank you for your time and consideration.
I hope we can have a good business relationship from now on.
I hope to hear from you promptly.

곧 당신으로부터 답변을 듣기를 기대합니다.
최대한 빨리 답변 부탁드립니다.
당신의 시간과 배려에 감사 드립니다.
지금부터 저희가 사업적으로 좋은 관계를 맺기를 바랍니다.
빠른 답변을 듣기를 바랍니다.

공지 올리기 공지 사항입니다.

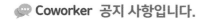 **Coworker** 공지 사항입니다. MP3 Unit 9_10

Attention: This week is Relocation Week.
Notice: It's time for our annual party.
No jeans or hats, please.
Announcement: Cafeteria will be unavailable from 3 to 5.

주목: 금주는 자리를 이동하는 주입니다.
공지: 연례 파티를 할 시기입니다.
청바지나 모자는 피해주세요.
알림: 3시부터 5시 사이에는 카페테리아 이용이 불가능할 예정입니다.

Coworker 예정되어 있습니다. MP3 Unit 9_11

The company will be hosting a potluck party*.
The event will be held at the International Hotel on December 10th.
The sales department will be holding a farewell party for Mr. Hendricks.

회사가 포틀럭 파티*를 개최할 예정입니다.
*포틀럭파티(potluck party): 각자의 음식을 가져와 함께 즐기는 파티
행사는 12월 10일 국제 호텔에서 개최될 예정입니다.
영업팀에서 헨드릭스씨를 위한 송별회를 열 예정입니다.

 Coworker 모두 참석해 주세요.

I hope to see you at the party.
I hope you all enjoy your time.
Please come and learn new work skills for your career.

파티에서 뵙기를 바라요.
모두 즐거운 시간 되시길 바라요.
여러분의 커리어를 위한 새로운 업무 능력을 오셔서 배우세요.

메신저하기 저기, 있잖아요.

 Company Worker 안녕하세요, 자리에 계시죠?

Hi there.
Can we talk?
Got some time now?
It's been a while.
Long time, no see.
Are you free to talk for a second?
I've something to tell you.

안녕하세요.
대화할 수 있을까요?
잠깐 시간 되세요?
오랜만이네요.
오랜만에 뵙네요.
잠깐 얘기 좀 나눌 수 있을까요?
말씀드릴 게 있어요.

> **Joanne's 표현 노트**
>
> **대답 표현**
> • I've been OK. 저는 잘 지냈어요.
> • Sure, what's up? 그럼요, 무슨 일인가요?

💬 **Company Worker** 저기, 있잖아요. MP3 Unit 9_14

Look.
You know what.
BTW(By the way,)
Anyways,
저기요.
있잖아요.
그나저나,
어쨌든,

💬 **Coworker** 부탁드릴 게 있어요. MP3 Unit 9_15

Can you do me a favor?
Let me ask you something.
Could you fill in for me tomorrow?
I need some ideas about the upcoming promotional events.
부탁 좀 들어주시겠어요?
여쭤볼 게 있어요.
내일 저 대신 업무해 주실 수 있을까요?
다가오는 홍보 이벤트에 대한 아이디어가 필요해요.

💬 **Company Worker** 돼요 / 안돼요. MP3 Unit 9_16

How about next Tuesday at 2?
Will you be available tomorrow for lunch?
OK. No problem.
I'm sorry, but it's going to be super busy today.
Monday is good with me.
Come by after 2 p.m.
Well, sorry, but today is not good.
다음 주 화요일 2시는 어떠세요?
내일 점심 식사 가능하세요?
네. 그럼요.
죄송하지만 오늘은 정말 많이 바쁠 것 같아요.
저는 월요일 좋아요.
2시 이후에 다시 들러주세요.
글쎄요, 죄송하지만 오늘은 안될 것 같아요.

💬 **Coworker** 회사 공식 페이스북 페이지에 오신 것을 환영합니다. [MP3 Unit 9_17]

Welcome to Lora Electronics' official Facebook page.
We also have an Instragram account.
Check out our live chat program.

로라 전자의 페이스북 공식 페이지에 오신 것을 환영합니다.
저희는 인스타그램 계정도 갖고 있습니다.
저희의 실시간 채팅 프로그램을 확인해보세요.

💬 **Coworker** 새로운 소식을 확인하세요. [MP3 Unit 9_18]

Get a limited-time offer only for today.
Don't miss out on this special offer.
Don't forget to follow and like us.
Our #Trust&Power campaign kicked off at stores.
For more information or inquiries, click the link below.

금일 한정 특가를 받으세요.
특별 할인을 놓치지 마세요.
구독 및 좋아요 누르는 것을 잊지 마세요.
#Trust&Power 캠패인이 저희 매장에서 시작되었습니다.
더 많은 정보와 질문은 아래의 링크를 클릭하세요.

💬 **Company Worker** 저희 웹사이트를 방문해 주세요. [MP3 Unit 9_19]

Please visit our website, www.BTY.com, or email us at cservice@bty.com.
Please contact our customer service center at 415-648-9235.
Please find(check out) more on our website.
We'll be happy to assist you.

저희의 웹사이트 www.BTY.com에 방문하시거나, cservice@bty.com으로 이메일을 보내주세요.
고객 센터는 415-648-9235로 전화주세요.
더 많은 정보는 저희 웹사이트에서 찾아주세요.
최선을 다해 도와드리겠습니다.

롤플레잉(상황극 훈련)을 통해 STEP 2에서 배운 표현을 완벽히 익혀봅시다.

 안녕하세요, 어제 통화한 사람입니다.　　　MP3 Unit 9_20
아래의 이메일 예시를 통해 이메일 작성하는 연습을 해봅시다.

Dear Jennifer Washington,

Hello, I'm Grace, in charge of the office management at RH.
I'm the one who talked to you on the phone yesterday.

I'm emailing you to express our interest in your latest products.
Could you please send us some samples of your new products?

We look forward to hearing from you soon.
Thank you for your time and consideration.

Sincerely,
Grace

제니퍼 워싱턴씨께,

안녕하세요, RH에서 사무관리를 담당하고 있는 그레이스입니다. 어제 전화로 대화를 나누었던 사람입니다.

귀사의 최신 상품에 관심을 표하고자 이메일 드립니다. 새로운 상품의 샘플들을 보내주실 수 있을까요?

곧 답변을 듣기를 기대합니다. 당신의 시간과 관심에 감사드립니다.

그레이스 올림

 표현 사전

management 관리, 운영, 경영 express 표하다, 나타내다 interest 관심, 흥미 latest 최근의,
최신의 look forward to ~ ~을 기대하다, 고대하다 consideration 숙고, 배려

부탁드릴 게 있어요.

상황극을 통해 역할을 바꾸어 가며 말하는 연습을 해봅시다.

Company Worker: Hi there. Got some time now?

Coworker: Hey. Long time, no see. What's up?

Company Worker: Look. Could you fill in for me tomorrow?

Coworker: Well, I'm sorry, but it's going to be super busy tomorrow.

회사원: 안녕하세요. 잠시 시간 괜찮으세요?
동료: 안녕하세요. 오랜만이에요. 무슨 일이신가요?
회사원: 있잖아요. 내일 저 대신 업무해 주실 수 있을까요?
동료: 글쎄요, 죄송하지만 내일 정말 바쁠 예정이에요.

 표현 사전

fill in (~가 잠깐 자리를 비운 사이에) 대신 일을 봐주다

UNIT 10
사무 기기 (Office Devices & Supplies)

Unit 10 MP3

그림으로 익히는 필수 표현

컴퓨터가 멈췄어요.

사무실 투어를 다니는 중 옆을 보니 한 직원이 프린터를 붙잡고 쩔쩔매고 있어요. 저 직원이 고장 낸 걸까요, 아님 고장이 날 타이밍에 운 나쁘게 걸린 걸까요? 회사에 있는 전자 기기는 개인 소유가 아니고 다수의 사람이 함께 사용하다보니 여러가지 이유로 고장이 나곤 합니다.

우리 회사엔 어떤 사무 기기와 전자 기기가 있는지 살펴봅시다.

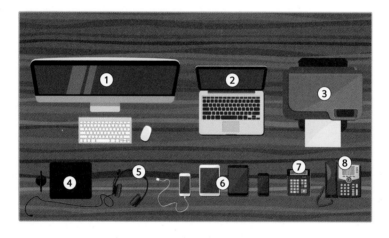

MP3 Unit 10_1

	표현	뜻
①	desktop computer	데스크용 컴퓨터
②	laptop computer	노트북 컴퓨터
③	all-in-one laser printer	복합 레이저 프린터
④	drawing tablet, pen	드로잉 태블릿, 펜
⑤	headset, headphone	헤드셋, 헤드폰
⑥	tablets, cell phones	태블릿, 핸드폰
⑦	calculator	계산기
⑧	office phone	사무실 전화

복사 잘 하시나요? 저는 개인적으로 회사 생활 내내 복사기와 좋은 추억이 없었는데요. 복사를 걸어 놓고 가보면 꼭 앞에 직원이 제 문서를 가져가 버리고, 마지막 장만 나오면 되는데 갑자기 종이가 다 떨어지고, 급히 제출해야 할 문서인데 갑자기 제 앞에서 잉크가 다 떨어지고, 복사만 하면 종이가 걸려서 꺼내고 다시 끼고… 어흑! 눈물나서 이만 줄일게요. 복사기를 비롯해 에어컨, 컴퓨터, 인터넷과 관련해 활용할 수 있는 영어 표현을 배워봅시다.

복사기 사용하기 확대 복사 좀 해주세요.

💬 **Boss** 복사 좀 부탁해요.   MP3 Unit 10_2

Please make 10 copies of this handout.
Can you print them double-sided?
Please reduce the document to 80%.
Please enlarge the page to 120%.
Please use scrap paper.

해당 인쇄물을 10장 복사해 주세요.
양면으로 인쇄해 주시겠어요?
문서를 80%로 축소 복사해 주세요.
문서를 120%로 확대 복사해 주세요.
이면지를 사용해주세요.

💬 **Coworker** 복사기가 또 고장 났어요.   MP3 Unit 10_3

The copier is out of order.
The copier isn't working.
The copier has a paper jam.
The print came out crooked.

복사기가 고장났어요.
복사기가 안 돼요.
복사기에 종이가 걸렸어요.
프린트물이 삐뚤어져서 나왔어요.

Company Worker 비품이 없어요.

MP3 Unit 10_4

The copier is out of A4 paper (ink).
You can get some paper from the cabinet.
Find office supplies in the supply closet.
Where is the stapler?
Who do I speak to order office supplies?

복사기에 A4 용지가 (잉크가) 없어요.
보관함에 종이가 있어요.
사무 용품은 비품 창고에서 찾으시면 돼요.
스테이플러가 어디에 있나요?
사무 용품 구매를 위해 누구에게 말해야 하나요?

에어컨 사용하기 에어컨 온도 좀 내려주세요.

 Coworker 에어컨이 이상해요.

MP3 Unit 10_5

Is the air conditioner(AC) on?
Where is the AC remote control?
The air conditioner(AC) isn't cold enough.
The air conditioner is not working properly.

에어컨이 켜져 있나요?
에어컨 리모콘이 어디에 있나요?
에어컨이 충분히 시원하지 않아요.
에어컨이 제대로 작동하지 않아요.

Company Worker 에어컨 좀 줄여주세요.

MP3 Unit 10_6

Can you turn down (up) the air conditioner(AC)?
Please turn on (off) the air conditioner(AC).
I caught a cold because of the air conditioner(AC).

에어컨 (온도를) 좀 낮춰 (올려) 주실 수 있나요?
에어컨 좀 틀어 (꺼) 주세요.
에어컨 때문에 감기에 걸렸어요.

💬 Company Worker 컴퓨터가 멈췄어요.

MP3 Unit 10_7

My computer is frozen / is down / has crashed.
My computer is infected with a virus.
This computer isn't working properly.
The cursor is not moving.
It's malfunctioning.
It takes forever to download some files on my computer.
It's not booting up.

제 컴퓨터가 멈췄어요 / 꺼졌어요 / 고장 났어요.
제 컴퓨터가 바이러스에 감염됐어요.
이 컴퓨터가 제대로 작동하지 않아요.
커서가 움직이지 않아요.
오작동이 나요.
컴퓨터에 파일을 다운로드 하는데 시간이 너무 오래 걸려요.
이게 안 켜져요.

💬 Coworker 자동으로 업데이트하지 마세요.

MP3 Unit 10_8

Don't update your computer automatically.
You should install this vaccine program.
Do I have to turn off the computer when I get off?
Drag the files to the share folder on your computer.
Do you know how to use this program?
This computer can't connect to social networking sites.
What is the ID and password of this computer?

컴퓨터를 자동으로 업데이트하지 마세요.
백신 프로그램을 설치해야 합니다.
제가 퇴근할 때 반드시 컴퓨터를 꺼야 하나요?
컴퓨터의 폴더를 공유하기 위해 파일을 드래그 하세요.
이 프로그램을 어떻게 사용하는지 아세요?
이 컴퓨터로는 소셜 미디어 사이트에 연결할 수 없어요.
이 컴퓨터의 아이디와 비밀번호는 무엇인가요?

인터넷 사용하기 — 인터넷이 느려요.

 Company Worker 인터넷을 연결할 수가 없어요.   `MP3 Unit 10_9`

I can't get access to the Internet.
The Internet is lagging(very slow).
What is the Wi-Fi password here?
How can I unblock the firewall on my computer?
I don't know how to get on(connect to) the company intranet.

인터넷을 연결할 수가 없어요.
인터넷이 너무 끊겨요(느려요).
여기 와이파이 비밀번호가 뭔가요?
제 컴퓨터에서 어떻게 방화벽 차단을 해제하나요?
회사 인트라넷에 어떻게 연결해야 하는지 잘 모르겠어요.

핸드폰 사용하기 — 핸드폰을 무음으로 해야 합니다.

 Coworker 핸드폰 배터리가 없어요.   `MP3 Unit 10_10`

My battery is so low.
My battery is running out.
My phone's dead.
The display screen on my cell phone is cracked.

배터리가 거의 없어요.
배터리가 줄고 있어요.
휴대폰 전원이 꺼졌어요.
휴대폰 화면 액정에 금이 갔어요.

 Coworker 핸드폰을 무음으로 해야 합니다.   `MP3 Unit 10_11`

You should put your cell phone on mute(silent).
Please put your cell phone on vibrate.
Please turn on your cell phone's hotspot.
The Wi-Fi reception is not good.

핸드폰을 무음으로 해야 합니다.
핸드폰을 진동으로 해주세요.
핸드폰의 핫스팟을 켜세요.
와이파이 신호가 좋지 않네요.

Joanne선배의 회사생활 TIP – 사무용품 관련 표현

- flash(thumb) drive (USB drive) — 이동식 저장매체
- highlighters — 형광펜
- correction fluid — 수정액
- correction tape — 수정 테이프
- white-out — 수정액 혹은 테이프
- staplers — 스테이플러
- stapler pins — 스테이플러 심
- push pins — 압정
- paper clip — 종이 클립
- binder clip — (집게 모양의) 클립
- tape dispenser — 테이프 커터기
- rolls of tape — 테이프 롤

- pencil sharpener — 연필깎이
- envelopes — 봉투
- sticky notes — 포스트잇
- sticky tape — 접착 테이프

- calculator — 계산기
- paper shredder — 문서 파쇄기
- wireless router — 무선 공유기
- extension — 전기 연장선, 멀티탭
- toner cartridges — (프린터의) 토너 카트리지
- printer ink — 프린터 잉크

- document trays — 서류 정리함
- desktop drawers — 탁상용 서랍

롤플레잉(상황극 훈련)을 통해 STEP 2에서 배운 표현을 완벽히 익혀봅시다.

 확대 복사 좀 해주세요.   MP3 Unit 10_12

상황극을 통해 역할을 바꾸어 가며 말하는 연습을 해봅시다.

Boss

Please make 10 copies of this handout.
Don't forget to copy them double-sided.

Sure.
What? The copier isn't working.

Coworker

Company Worker

The copier is just out of A4 papers.
You can get some paper from the cabinet.

상사: 해당 인쇄물을 10장 복사해 주세요. 양면으로 복사하는 것 잊지 마세요.
동료: 그럼요. 뭐지? 복사기가 안 돼요.
회사원: 복사기에 A4용지가 부족한거예요. 수납장에 종이가 있어요.

 표현 사전

handout 인쇄물, 유인물   out of ~이 없는, 동난   cabinet 캐비닛, 수납장

핸드폰을 무음으로 해야 합니다.

상황극을 통해 역할을 바꾸어 가며 말하는 연습을 해봅시다.

Company Worker

Great. My battery is running low.
I need to send an email before the meeting starts.

The Wi-Fi reception is not good here.
Do you want me turn on my cell phone's hotspot?

Coworker

Company Worker

It's too late. Thanks, anyways.
You should put your cell phone on mute now.

회사원: 제길. 휴대폰 배터리가 거의 없어요. 회의 시작 전에 이메일을 보내야하는데요.
동료: 여기 와이파이 신호가 좋지 않네요. 제 휴대폰의 핫스팟을 켜드릴까요?
회사원: 늦었어요. 어쨌든 감사해요. 이제 휴대폰을 무음으로 해야 해요.

 표현 사전

run low 모자라게 되다, (다하여) 떨어져 가다 reception (전화, 인터넷의) 수신 상태
anyways 어쨌든, 하여간 mute 무음, 소리 없는

4

Chapter

Biz Talk - Meeting Room

" 다양한 생각을 논의하고 조율하는 장소인
회의실 앞에 도착했어요.
외국 지사에 있는 동료와 컨퍼런스 콜도 하고,
거래처 직원들과 협상도 하고,
신제품 프레젠테이션도 하는
회의실에서 활용할 수 있는 표현을 알아봅시다. **"**

회의실

UNIT 11
컨퍼런스 콜 (Conference Call)

Unit 11 MP3

STEP 1 그림으로 익히는 필수 표현

이렇게 하는 건 어떨까요?

컨퍼런스 콜, 즉 '전화 회의'는 다른 장소에 있는 동료 또는 사업 파트너에게 전화를 걸어 여러 명이 한꺼번에 대화를 나누고, 질의응답을 함으로써 빠른 결과를 얻을 수 있는 업무 방식입니다. 직책이 올라갈수록 빈도가 잦아지는 부서장의 업무 중 하나예요. 요즘은 실시간으로 얼굴을 보며 전화하면 더욱 확실한 의사 표현도 가능하고 상대의 말도 더 잘 알아들을 수 있겠죠? 역시, 세상은 점점 편리해지네요.

MP3 Unit 11_1

	표현	뜻
①	video (web) conference	화상 회의
②	conference call	전화 회의
③	conference phone	회의용 전화기
④	conference-goers	회의 참석자들
⑤	agenda	의제, 안건
⑥	conference room	대회의실
⑦	move on to next topic	다음 주제로 넘어가다
⑧	have a conference with ~	~와 협의(상의)하다

실전 표현

예전 회사에서 일할 때 뉴욕 본사 업무 시간에 맞춰 컨퍼런스 콜을 했던 기억이 납니다. 신제품 컨셉, 홍보 방향, 그 외 다양한 질문들을 약 20분의 통화로 정리했었는데요. 사실 이메일 10통 왔다 갔다 할 분량을 전화 한 통에 뚝딱 끝낼 수 있었으니 급한 의사 결정이 필요할 때는 역시, 컨퍼런스 콜이 진리 입니다. 성공적인 결과물을 만들어 주는 컨퍼런스 콜 전용 표현을 공개합니다.

통화 시작하기 컨퍼런스 콜을 시작하겠습니다.

 Company Worker 컨퍼런스 콜을 시작하겠습니다.   `MP3 Unit 11_2`

Hello, this is Olivia speaking, and I'll be running today's conference call.
Thanks for sparing your time for this call.
Let's start our conference call today!
Hello everyone, I think we are ready to begin.
Now that we're all connected, let's begin the meeting.
If we are all here, let's get started.

안녕하세요, 저는 올리비아이고, 제가 오늘의 컨퍼런스 콜을 진행할 예정이에요.
이 전화를 위해 시간을 내주셔서 감사해요.
오늘 우리의 컨퍼런스 콜을 시작해 봅시다!
모두들 안녕하세요, 시작해도 될 것 같네요.
이제 모두들 접속했으니, 회의를 시작해 봅시다.
우리 모두가 여기 있다면(접속했다면), 시작해 봅시다.

Joanne's 표현 노트

참석 확인 표현

- I'd like you to be available for a conference call on this Thursday.
  이번주 목요일에 있을 컨퍼런스 콜에 당신이 참석 가능하길 바랍니다.

- I'm scheduling a meeting at 3 p.m. today. Can you attend?
  오늘 오후 3시에 회의 일정을 잡고 있어요. 참석하실 수 있나요?

- Could you please confirm that you can attend a conference call on July 10th?
  7월 10일 컨퍼런스 콜에 참여하실 수 있음을 확인해 주시겠어요?

 **Company Worker** 오늘의 회의 주제입니다.　

Today, we will be discussing the sales figures from last month.

We all gathered to talk about next quarter's plan.

Let's start with the most urgent issue.

What's on the agenda?

Today's agenda is how to sell our old models online strategically.

We will continue our talk on new marketing tools.

We got four points to go over.

The reason we're meeting today is to go over employee benefits.

오늘, 저희는 지난 달의 매출액에 관해 논의할 예정입니다.

다음 분기의 계획에 대해 이야기하고자 모두 모였습니다.

가장 시급한 문제부터 시작해 봅시다.

회의 안건이 무엇인가요?

오늘의 안건은 우리의 구형 모델을 온라인에서 전략적으로 판매하는 방법에 관한 것입니다.

새로운 마케팅 수단에 대한 대화를 계속해 나갈 거예요.

네 개의 검토할 요점이 있어요.

직원의 복리후생을 살펴보기 위해 오늘 모였습니다.

Joanne's 표현 노트

지난 회의 회고 표현

- Remember we had a discussion on our new marketing strategy last time?
  지난번 새로운 마케팅 전략에 관해 논의했던 것을 기억하시나요?

- Let me bring back you guys to our last topic.
  지난 회의 마지막 주제를 상기시켜 보도록 하겠습니다.

- Let us remind ourselves about our previous meeting.
  이전 회의를 상기시켜 봅시다.

- I'd like to quickly go through the minutes of our meeting.
  우리의 회의록을 빠르게 살펴보고 싶습니다.

 **Coworker** 통화가 끊기네요.

I can't hear you well.
You are breaking up.
Could you please say that one more time?
Let me try to call you back.
Can you hear me well (better, clearly)?
Would you speak up(louder)?
Please hang up and call me back.
I think my internet connection isn't so stable.

잘 들리지 않아요.
전화가 끊기네요.
다시 한번 더 말씀해주시겠어요?
제가 다시 전화를 걸어 볼게요.
제 목소리가 잘 (더 잘, 분명하게) 들리시나요?
좀 더 크게 말씀해주시겠어요?
전화를 끊고 다시 걸어주세요.
제 인터넷 연결이 불안정한 것 같아요.

Joanne's 표현 노트

요점을 놓쳤을 때 표현

- Sorry, I missed your last point.
  죄송하지만, 마지막 부분을 놓쳤어요(못 들었어요).
- What was your last point?
  마지막 부분이 뭐였죠?

전화 상태가 불량일 때 표현

- There's some interference (noise) on the line.
  전화에 혼선 (잡음이) 있네요.
- The line is dead.
  전화가 불통이네요.

결원이 생겼을 때 표현

- I'm afraid that Michelle can't be with us today. She is on sick leave.
  미쉘이 오늘 저희와 함께 할 수 없어 아쉽네요. 그녀는 병가 중이에요.
- Cody and Eleanor are not with us, but we need to carry on without them.
  코디와 엘리너가 이 자리에 없지만, 우리는 그들 없이도 계속 진행해야 합니다.

용건 말하기 이렇게 하면 좋겠군요.

💬 Company Worker ~합시다 / 할 겁니다 / 해야 합니다 / 때문입니다. MP3 Unit 11_5

Let's get down to business right away.
We are going to address our issues with customer complaints last quarter.
We should find an alternative on the problem.
We are holding a meeting because the sales profits have been dropping rapidly.

바로 본론으로 들어갑시다.
지난 분기 고객 불평과 관련된 우리의 문제를 다룰 예정이에요.
문제에 대한 대안책을 찾아야 합니다.
매출 순익이 급속히 하락하고 있기 때문에 회의를 열었습니다.

💬 Coworker 당신의 의견을 들어봅시다. MP3 Unit 11_6

I'd like to hear your opinions.
Do you have any suggestions or ideas?
Can we hear from someone else?
What's your opinion on this, Sarah?
Does anyone want to share your ideas (opinions)?

당신의 의견을 듣고 싶어요.
제안 사항이나 의견이 있나요?
다른 사람에게서 (의견을) 들어볼 수 있을까요?
사라, 이것에 대한 의견이 어떠신가요?
아이디어를 (의견을) 공유하고 싶으신 분 있나요?

Joanne's 표현 노트

다음 안건으로 넘어갈 때 표현
- Let's move on (to our next topic). (다음 주제로) 넘어가 봅시다.
- We got more things to discuss. 논의해야 할 것들이 더 있습니다.
- What's the next topic? 다음 주제는 무엇인가요?

💬 **Company Worker** 회의 내용은 이메일로 정리해 보내겠습니다. `MP3 Unit 11_7`

We will send you the email about today's meeting.
I will email you to summarize things.
I can share all the details through an email.
We will email you the decisions we've made in today's meeting.

오늘 회의와 관련하여 이메일을 보내겠습니다.
(회의 내용을) 요약해서 이메일로 보내겠습니다.
이메일을 통해 모든 세부사항들을 공유드릴 수 있습니다.
오늘 회의에서 정해진 결정 사항들을 이메일로 보내드리겠습니다.

> **Joanne's 표현 노트**
>
> **회의록 작성자 지정 표현**
> • Finley has agreed to take the minutes. 핀리가 회의록을 작성하기로 했습니다.
> • Jake, would you mind taking notes today? 제이크, 오늘 (회의 내용을) 기록해 줄 수 있나요?

💬 **Coworker** 통화 반가웠어요. `MP3 Unit 11_8`

Do we have more things to discuss?
I think (guess) that's it for now.
We will talk again soon.
Thank you for attending.
Thank you for initiating the conference call today.
Thank you so much for handling the conference call today.
Time's up, let's close the meeting.

논의해야 할 것들이 더 있나요?
지금은 이것으로 된 것 같습니다.
조만간 다시 이야기 나눕시다.
참석해 주셔서 감사합니다.
오늘 컨퍼런스 콜을 시작해 주셔서 감사합니다.
오늘 컨퍼런스 콜을 진행해 주셔서 감사합니다.
시간이 다 됐네요, 회의를 마치도록 합시다.

💬 **Coworker** 아이디어를 제안하고 싶습니다. MP3 Unit 11_9

I propose hiring more people.
I suggest planning new marketing strategies.
What about asking for some help from experts in this field?
What if we try our plan B?
I have a suggestion.

더 많은 사람을 고용하는 것을 제안합니다.
새로운 마케팅 전략을 계획하기를 제안합니다.
이 분야의 전문가들에게 도움을 요청하는 것은 어떨까요?
차선책을 시도해보면 어떨까요?
제안드릴 것이 있습니다.

Joanne's 표현 노트

본론으로 돌아갈 때 표현
- Let's get back to our main topic. 우리의 본 주제로 돌아가 봅시다.
- I guess we can discuss that later on. 그것은 나중에 논의해도 괜찮을 것 같습니다.
- Let's deal with this issue(agenda item) later. 이 문제(회의 안건)은 나중에 처리해 봅시다.
- Let's stay on our topic first. 먼저 주제에 집중해 봅시다.

💬 **Company Worker** 지금 필요한 것은, MP3 Unit 11_10

What we need is more staff members.
I believe we need to push on to some better results this year.
Most importantly, we must follow our company's policies.
What matters most is the customers' opinion.

우리에게 필요한 것은 더 많은 직원입니다.
이번 년도에는 우리가 좀 더 나은 결과를 향해 나아가야 한다고 생각합니다.
가장 중요한 것은 회사의 정책을 따라야 한다는 것입니다.
가장 중요한 것은 고객들의 의견입니다.

💬 Coworker 말씀 중 죄송합니다만,

May I please cut in here?
I'm sorry to interrupt, but let me point this out.
That's a good point, although we also need to consider profits.

제가 잠깐 끼어들어도 괜찮을까요?

말씀 중 죄송하지만, 이것을 짚고 넘어가고 싶습니다.

그것도 좋은 생각이지만, 수익도 고려해야 합니다.

> **Joanne's 표현 노트**
>
> **대화 이어가기 표현**
> • Could you please let me finish? 제가 먼저 끝내도 괜찮을까요?
> • Let me try to explain it further. 제가 그것을 좀 더 설명하도록 하겠습니다.
> • I'm listening. Go ahead. 듣고 있어요. 말씀하세요.

💬 Coworker 이게 문제입니다.

The problem we're facing is that we're under staffed.
The main problem is that there is not much time left.
Our marketing strategies are not helping the sales revenue this year.

우리가 마주한 문제는 인원이 부족하다는 것입니다.

가장 큰 문제는 시간이 얼마 남지 않았다는 것입니다.

올해에는 우리의 마케팅 전략이 영업 수익을 도와주지 않네요.

> 💼 **Joanne선배의 회사생활 TIP**
>
> 들을 때마다 헷갈리지만, 알아 두면 컨퍼런스 콜이나 회의에서 두고 두고 유용하게 써먹을 수 있는 활용도 만점의 동사와 명사를 살펴봅시다.
>
> | | | |
> |---|---|---|
> | • collaborate on
협동하다, 협력하다 | collaboration
협동 | |
> | • cooperate
협력하다 | cooperation
협조, 협동 | |
> | • attend
참석하다 | attendee
참석자 | |
> | • discuss | have a discussion | 논의하다 |
> | • decide | make a decision | 결정하다, 정하다 |
> | • conclude | draw conclusion | 결론짓다, 결론을 내리다 |

동의하고 반대하기 그건 좋은 생각입니다.

 Company Worker 그건 좋은 생각입니다.

MP3 Unit 11_13

Sounds good(perfect)!

That's a brilliant idea, I think.

That could(might) work.

That also makes sense.

I agree with that.

You can say that again.

You have a point there.

좋은 생각이네요!

제 생각에 그건 아주 훌륭한 의견이에요.

그게 효과가 있을 수도 있겠어요.

그것 또한 말이 되네요.

저는 그것에 동의합니다.

그 말에 전적으로 동의해요.

당신 말씀도 일리가 있네요.

Joanne's 표현 노트

추가 반응 표현

• Exactly! 제 말이 그 말이에요!

• Definitely! Absolutely! 당연하죠!

• You're right. (당신이) 맞아요.

• Let's see how it goes. 상황을 지켜봅시다.

Coworker 글쎄요, 전 반대입니다.

MP3 Unit 11_14

I totally(completely) disagree with it.

I have a different opinion on the issue.

I don't see it that way.

I'm not sure about that.

It sounds a little vague.

That's not (always) true.

저는 그것에 전적으로 반대합니다.

저는 그 문제에 대해 다른 의견을 갖고 있어요.

전 그렇게 생각하지 않아요.

잘 모르겠네요.

약간 애매하게 들리는군요.

항상 그렇지는 않아요.

결론내기 그럼, 이렇게 해결합시다.

💬 **Company Worker** 그럼, 이렇게 해결합시다. MP3 Unit 11_15

We can handle the situation by motivating workers.

We will deal with this case based on your solution.

Let's set the plan in motion right away.

Please let us know when you want to proceed.

직원들에게 동기를 부여함으로써 이 상황을 해결할 수 있어요.

당신의 해결책으로 이 문제를 해결하겠습니다.

그럼 바로 실행에 옮깁시다.

언제 진행하고 싶으신지 알려주세요.

💬 **Company Worker** 요약해보면, MP3 Unit 11_16

Simply put, we need some alternative.

To sum up, there are 3 options we can offer.

In conclusion, I suggest you upgrade your program.

So, our bottom line is we need to keep the cost down.

Before we close today's meeting, let me summarize the main points.

간단히 말해서, 우리는 대안이 필요해요.

요약해보면, 제의드릴 수 있는 3가지 선택권이 있습니다.

결과적으로, 프로그램을 업그레이드할 것을 제안합니다.

따라서, 우리의 요점은 경비를 낮춰야 한다는 것입니다.

오늘의 회의를 끝마치기 전에, 요점을 요약해 보도록 하겠습니다.

STEP 3 실전 롤플레잉

롤플레잉 연습하기

롤플레잉(상황극 훈련)을 통해 STEP 2에서 배운 표현을 완벽히 익혀봅시다.

 컨퍼런스 콜을 시작하겠습니다.

MP3 Unit 11_17

상황극을 통해 역할을 바꾸어 가며 말하는 연습을 해봅시다.

Company Worker

Hello, this is Olivia speaking, and I'll be running today's conference call. Today, we will be discussing the sales figures from last month.

Hello? You are breaking up. Wait. It's OK now. Let's move on.

Coworker

Company Worker

All right. We are holding a meeting because the sales profits have been dropping rapidly.

Let's start with the most urgent issue.

Coworker

회사원: 안녕하세요, 저는 올리비아이고, 제가 오늘 컨퍼런스 콜을 진행할 예정입니다.
오늘, 저희는 지난 달의 매출액에 대해 논의할 예정입니다.
동료: 여보세요? 전화가 끊기네요. 잠시만요. 이제 괜찮아요. 넘어가 봅시다.
회사원: 좋아요. 매출 순익이 급속히 하락하고 있기 때문에 회의를 열었습니다.
동료: 가장 시급한 문제부터 시작해 봅시다.

 표현 사전

run 진행하다, 운영하다 sales figures 매출액 last 지난, 바로 앞의 break up (통화가) 끊기다
move on (새로운 일, 주제로) 넘어가다 sales profit 매출 순익 drop 떨어지다 rapidly 급속히,
빨리 urgent 시급한, 긴급한

이렇게 하는 건 어떨까요?

MP3 Unit 11_18

상황극을 통해 역할을 바꾸어 가며 말하는 연습을 해봅시다.

Coworker

The main problem is that there is not much time left.

Company Worker

I have a different opinion on the issue. The problem we're facing is that we're under staffed. I propose hiring more people.

Coworker

I'm not sure about that. We can handle the situation by motivating workers.

동료: 가장 큰 문제는 시간이 얼마 남지 않았다는 것입니다.

회사원: 저는 그 문제에 다른 의견을 갖고 있어요.

우리가 직면한 문제는 인원이 부족하다는 것입니다. 저는 더 많은 사람을 고용할 것을 제안합니다.

동료: 잘 모르겠네요. 직원들의 동기를 부여함으로서 이 상황을 해결할 수 있어요.

표현 사전

leave 남아 있다 face 직면하다, 마주하다 under staffed 인원이 부족한 propose 제안하다, 제의하다 hire 고용하다 handle 해결하다, 처리하다 motivate 동기를 부여하다

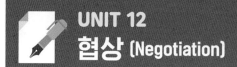

UNIT 12
협상 (Negotiation)

Unit 12 MP3

STEP 1 그림으로 익히는 필수 표현

계약서를 확인해 볼까요?

협상이라는 단어 자체만으로도 왠지 어렵게 느껴지는데요. 간단히 생각해 보면, 우리 회사와 함께 일하게 될 업체가 특정 목적에 부합되는 결정을 하기 위해 서로 의논하는 것이 곧 협상입니다. 간단한 협상부터 중요한 협상까지, 협상 테이블에는 무엇이 있는지 알아봅시다.

MP3 Unit 12_1

	표현	뜻
①	negotiation	협상
②	contract	계약서, 계약하다
③	offer	제의, 제안 액수
④	write (up) a contract	계약서를 작성하다
⑤	down payment / deposit	계약금
⑥	articles / clauses	계약 항목, 조항
⑦	terms / conditions	계약 조건
⑧	shake hands	악수하다

웬만한 실력자가 아니고서야 협상은 언제나 까다롭게 느껴집니다. 우리 회사의 조건과 상대의 조건을 정확히 알아야 하고 심리를 잘 이용하기 위해 눈치와 계산도 빨라야겠죠. 그런데 이런 기술을 외국인 바이어에게 쓰려면 어떻게 해야 할까요? 어렵게 말할수록 치명적인 오해만 생길 수도 있다는 사실! 최대한 쉽고 간결한 어휘를 활용해 정확하고 깔끔한 협상을 이끌어 주는 표현으로 정리했어요. 지금부터 같이 살펴봅시다.

협상 시작하기 만나서 반갑습니다.

 Company Worker 이렇게 만나게 되어 반갑습니다.   MP3 Unit 12_2

Pleasure to meet you.
How long did it take to get here?
Please take your seats.
Here's my business card.
Could I have your business card?

만나서 반가워요.
여기까지 오는 데 얼마나 걸리셨나요?
자리에 앉아 주세요.
제 명함입니다.
당신의 명함을 받을 수 있을까요?

 Company Worker 협상을 시작해 봅시다.   MP3 Unit 12_3

All right. Let's get started.
Shall we start the meeting?
Let's go over the main points first.
Let's start from page 1.

좋아요. 시작해 봅시다.
회의를 시작해 볼까요?
요점부터 먼저 살펴봅시다.
1쪽부터 시작해 봅시다.

💬 **Company Worker** 저희는 ~을 원합니다. MP3 Unit 12_4

We need to reduce the price by 15%.
We'd like to revise several terms of pricing.
These are the main points we need to verify.
I want you to explain your proposals thoroughly.
We would be willing to consider that.
We would like to extend(renew) our contract.

가격을 15% 낮춰야 합니다.
가격과 관련된 몇가지 계약 조건들을 수정하고 싶습니다.
우리가 확인해야 할 요점들입니다.
제안을 꼼꼼하게 설명해주시길 바랍니다.
저희는 그것을 고려해볼 의사를 갖고 있습니다.
계약을 연장하고 싶습니다.

가격, 조건 협상하기 어떤 제안을 주실 수 있나요?

💬 **Company Worker** 조건이 어떻게 되나요? MP3 Unit 12_5

What are the conditions (terms)?
What are your terms of payment?
What are the delivery terms?
What is the return and exchange policy?
What is the payment policy?
Could you be more specific?
Is there anything that is definitely off-limits?

조건이 어떻게 되나요?
지급(결제) 조건이 어떻게 되나요?
배송 조건이 어떻게 되나요?
환불과 교환 정책이 어떻게 되나요?
지불 정책이 어떻게 되나요?
좀 더 구체적으로 말해주시겠어요?
논의가 제한되는 항목들이 있나요?

💬 Company Worker 가격이 얼마인가요?

MP3 Unit 12_6

How much is your latest copier?
What is the unit price of the speaker?
What is your minimum order quantity (MOQ)?
Is that your best price?

최신 복사기는 얼마인가요?
스피커의 단가는 얼마인가요?
최소 주문 수량이 어떻게 되나요?
그게 가장 좋은(저렴한) 가격인가요?

Joanne's 표현 노트

대답 표현
- The minimum order is 500. 최소 주문 가능 수량은 500개입니다.
- I can give you a $2 discount per unit. 개당 2달러의 할인을 해드릴 수 있습니다.

💬 Sales Representative 설명해 드릴게요.

MP3 Unit 12_7

I was going to talk about it.
I was about to mention it.
Let me explain it to you one by one.
Don't worry, I'll talk you through it a little later.
Just interrupt if anything is unclear.

그것에 대해 말하려던 참이었습니다.
그것을 언급하려던 참이었습니다.
하나씩 설명해드리겠습니다.
걱정 마세요. 조금 이따가 설명해 드릴게요.
이해가 안되는 부분이 있으면 중간에 말씀해주세요.

Joanne's 표현 노트

추가 질문 여부 문의 표현
- OK. Are there any questions at this point?
  좋아요. 이쯤에서 질문 있으신가요?
- Would you like to ask or add anything?
  질문이나 추가하고 싶은 것이 있으신가요?
- We'll take questions at the end, if that's okay with you.
  괜찮으시다면 질문은 마지막에 받도록 하겠습니다.

💬 **Company Worker** 가격을 좀 깎아주세요. MP3 Unit 12_8

Will you come down a little?
Could you cut the price a little?
Please reduce the price by 15%.
Please lower the price to $50.
It is more expensive than I'd thought.
Could you settle for $70?
The total (quotation) is over our budget.
Sorry, our budget is way too lower than that.
We found out your production fees are on the high side.

가격을 조금 깎아주시겠어요?
가격을 조금 깎아주시겠어요?
가격을 15% 할인해주세요.
50달러로 가격을 내려주세요.
제가 생각했던 것보다 더 비싸네요.
70달러로 (가격을) 정할 수 있을까요?
총액 (견적)이 저희 예산보다 높습니다.
죄송하지만, 저희의 예산은 그것보다 훨씬 적습니다.
귀사의 개발 비용이 좀 높은 편이라는 것을 알게 되었습니다.

💬 **Sales Representative** 할인은 안돼요. MP3 Unit 12_9

You are cutting it too low.
We don't usually offer discounts.
I'm sorry. That's as far as I can go.
I'm sorry we can't drop our prices any lower.

너무 많이 (가격을) 내리려고 하시네요.
저희는 보통 할인을 해드리지 않아요.
죄송합니다. 그게 최대한으로 해드린 것입니다.
더 이상 가격을 내려드릴 수 없어 죄송합니다.

조율하고 사인하기 이 부분은 타협을 좀 해야 겠군요.

Company Worker 그렇게는 좀 어렵겠네요. `MP3 Unit 12_10`

It is difficult to accept your conditions.
Please reconsider the offer.
We can't take the offer.
Your proposal is not acceptable.
Please send us a new offer (estimate).
I can't go along with that.

당신의 조건을 받아들이기가 어렵겠네요.
제안을 다시 재고해주세요.
그 제안을 받아들일 수 없습니다.
당신의 제안을 받아들일 수 없습니다.
새로운 제안을 (견적서를) 보내주세요.
그것에 동의할 수 없습니다.

Company Worker 그렇게 하시죠. `MP3 Unit 12_11`

I would like to accept the condition.
We can go along with the idea.
It looks fine to me.
Fair enough.
That sounds reasonable.
I think we have reached an agreement here.

조건을 받아들이겠습니다.
그 의견에 동의합니다.
저에게는 괜찮아 보이네요.
좋습니다.
합리적인 것 같네요.
이쯤에서 저희가 합의점에 도달한 것 같습니다.

Joanne's 표현 노트
동의 여부 확인 표현
- How does that sound? 그건 어떠신가요?
- Is that okay? 괜찮으시겠어요?

💬 **Company Worker** 이 부분은 타협을 좀 해야 겠군요.　MP3 Unit 12_12

Is there room for negotiation?
Let us adjust (revise) your offer.
What kind of discount could you offer?
How about providing free shipping?
Could you make a small concession?
Would you be willing to accept a compromise?

협상의 여지가 있나요?
당신의 제안을 조정 (수정)하도록 해요.
어떤 종류의 할인을 제안해주실 수 있나요?
무료 배송을 제공하는 것은 어떠신가요?
약간의 양보(양해)를 해주실 수 있나요?
타협안을 받아들일 의사가 있으신가요?

💬 **Sales Representative** 그럼 계약서를 확인하시죠.　MP3 Unit 12_13

Let me get an approval from my boss (manager, supervisor) now.
Let me run over the details before we sign.
I'll draw up some paperwork right away.
Please sign and date on the line at the bottom, here.
Please keep this copy.
We'll email you the agreements and terms we've discussed today.
Let's close (seal) the deal.
We need your signature here.
Let's make a deal!
Feel free to ask any questions before we close the deal.

제 상사 (매니저, 관리자)로부터 지금 승인을 받아오겠습니다.
서명을 하기 전에 세부사항을 훑어보도록 하겠습니다.
바로 서류 작업을 해오겠습니다.
이 아래쪽의 선에 서명과 날짜를 적어주세요.
이 사본은 보관하세요.
오늘 논의한 합의 내용과 조건은 이메일로 보내드리겠습니다.
거래를 성사시키도록 하죠.
이곳에 서명이 필요합니다.
(그렇게) 계약하도록 합시다!
협상을 끝마치기 전에 질문이 있다면 편하게 해주세요.

계약서 수정 표현

- We need to amend the draft a little bit.
  계약서 초안을 조금 수정해야 합니다.
- I'll be back in 15 minutes with the revised contract.
  수정된 계약서를 가지고 15분 뒤에 돌아오겠습니다.
- We'll mail the revised contract to your office by Monday.
  월요일까지 당신의 사무실로 수정된 계약서를 보내도록 하겠습니다.

협상 마무리하기 생산적인 협상이었습니다.

 Company Worker 생산적인 협상이었습니다.　　　　MP3 Unit 12_14

I hope you are satisfied with all the decisions.
We're pleased to start a good business with you.
I guess we're all set.
I think you've covered everything.
Have I left anything out?
Let's confirm the details, then.
I'll be in touch again soon with more details.
I think we all reached a consensus.

모든 결정사항에 만족하시기를 바랍니다.
당신과(귀사와) 좋은 거래를 시작하게 되어 기쁩니다.
다 된 것(끝난 것) 같네요.
제 생각에 당신이 모든 것을 다룬 것 같네요.
제가 생략한 부분이 있나요?
그러면 세부항목을 확인해 봅시다.
더 많은 세부사항을 갖고 곧 연락드릴게요.
모두가 합의점에 도달한 것 같네요.

롤플레잉(상황극 훈련)을 통해 STEP 2에서 배운 표현을 완벽히 익혀봅시다.

협상을 시작해 봅시다.

MP3 Unit 12_15

상황극을 통해 역할을 바꾸어 가며 말하는 연습을 해봅시다.

Company Worker: All right. Let's go over the main points first. We need to reduce the price by 15%.

Sales Rep.: I'm sorry but it is difficult to accept your conditions.

Company Worker: Then what kind of discount could you offer?

Sales Rep.: How about providing free shipping?

회사원: 좋아요. 요점부터 먼저 살펴봅시다. 가격을 15% 낮춰야 합니다.

영업 담당자: 죄송하지만 당신의 조건을 받아들이기가 어렵겠네요.

회사원: 그럼 어떤 종류의 할인을 제안해주실 수 있나요?

영업 담당자: 무료 배송을 제공하는 것은 어떠신가요?

 표현 사전

go over 검토하다, 점검하다 reduce 낮추다, 줄이다 difficult 어려운 provide 제공하다, 주다
free shipping 무료 배송

협상이 타결되었습니다.

상황극을 통해 역할을 바꾸어 가며 말하는 연습을 해봅시다.

MP3 Unit 12_16

Sales Rep.

Fair enough. I would like to accept the condition.
I'll draw up some paperwork right away.
Please wait here for 15 minutes. I'll be right back.

No problem. Take your time.

Company Worker

Sales Rep.

There you are. Please sign and date on the line at
the bottom, here. I guess we're all set.

영업 담당자: 좋습니다. 조건을 받아들이겠어요. 바로 서류 작업을 해오겠습니다.
여기서 15분만 기다려주세요. 금방 돌아오겠습니다.

회사원: 그래요. 천천히 하세요.

영업 담당자: 여기 있습니다. 이 아래쪽 선에 서명과 날짜를 적어주세요. 다 끝난 것 같네요.

 표현 사전

accept 받아들이다, 수락하다 draw up 만들다, 작성하다 paperwork 서류 (작업)
right back 금방 돌아오다 all set 모두 끝나다, 준비가 되어 있다

UNIT 13
프레젠테이션 (Presentation)

Unit 13 MP3

STEP 1 그림으로 익히는 필수 표현

프레젠테이션에 참석해 주셔서 감사합니다.

우리 부서 동료의 신제품 프레젠테이션에 참석하게 되었어요. 빔 프로젝터를 통해 자료도 보여주고 유인물을 설명하기도 합니다. 프레젠테이션이 진행 중인 이곳엔 무엇이 있는지 함께 살펴봅시다.

MP3 Unit 13_1

	표현	뜻
①	presentation	프레젠테이션, 발표
②	projector	프로젝터, 영사기
③	projector screen	프로젝터 스크린
④	presenter, speaker	발표자
⑤	pie graph	파이(원) 그래프
⑥	bar graph	막대 그래프
⑦	handouts	유인물
⑧	attendees	참석자

다른 업무는 변수가 많다고 쳐도 프레젠테이션만큼은 사실, 준비한 만큼 완벽하게 할 수 있습니다. 영어로 발표를 하는 경우 특히 수치와 가격 부분에 실수가 없도록 여러 번 반복적으로 소리 내어 실전과 동일하게 연습하는 것이 핵심입니다. 자연스러운 시선 처리와 손 동작, 그리고 부드러운 미소를 살짝 띄운다면 금상첨화! 지금부터 프레젠테이션의 달인이 되는 만능 표현을 알아봅시다.

프레젠테이션 시작하기 참석해 주셔서 감사합니다.

 Speaker 안녕하신가요?

MP3 Unit 13_2

Good morning (afternoon, evening).
I appreciate your attendance.
It is an honor to be here.
How are you all?
I'm so pleased to give a presentation in front of you.
Good morning everyone, and welcome to my presentation.

좋은 아침 (오후, 저녁)입니다.
참석해 주셔서 감사합니다.
오늘 이곳에 있게 되어 영광이네요.
다들 안녕하신가요?
여러분들 앞에서 프레젠테이션을 하게 되어 매우 기쁩니다.
모두들 좋은 아침입니다, 그리고 제 프레젠테이션에 오신 것을 환영합니다.

Joanne's 표현 노트

발표자 소개 표현

- Let's give a warm welcome to Emile.
  에밀을 따뜻하게 맞아 주세요.
- Please give it up for Richard Hudson.
  리차드 허드슨씨에게 박수 부탁드립니다.
- Linda will be telling you about our new sales strategies.
  린다가 새로운 영업 전략을 설명해드릴 예정입니다.

💬 **Speaker** 프레젠테이션에 참석해 주셔서 감사합니다. MP3 Unit 13_3

Thank you (all) for attending my presentation.
Thank you so much for coming.
First of all, let me thank you all for coming here today.

(모두들) 제 프레젠테이션에 참석해 주셔서 감사합니다.
와주셔서 감사합니다.
우선, 오늘 이곳에 와주신 모든 분께 감사를 드리고 싶습니다.

💬 **Speaker** 저는 마케팅 부서의 ~입니다. MP3 Unit 13_4

Just so you know, I'm Joanne from the Marketing Department.
Let me start off by introducing myself.
Let me introduce myself. I'm Christy from the Finance Department.
I'm responsible for this project.

참고로 말씀드리면, 저는 마케팅팀의 조앤입니다.
제 소개부터 시작하겠습니다.
제 소개를 하겠습니다. 저는 재무팀의 크리스티입니다.
저는 이 프로젝트를 담당하고 있습니다.

💬 **Speaker** 프레젠테이션은 약 30분 정도 걸릴 겁니다. MP3 Unit 13_5

The presentation will take(last) about 30 minutes.
I'll be happy to answer your questions after my presentation.
This should last 15 minutes.
It will take about 20 minutes to cover this issue.

이 프레젠테이션은 약 30분 정도 걸릴 것입니다.
발표가 끝난 후 여러분의 질문에 기꺼이 답변해드리겠습니다.
이것은 15분 정도 걸릴 것입니다.
이 주제를 다루는데 약 20분 정도 걸릴 것입니다.

💬 **Speaker** 이 프레젠테이션의 목적은 ~입니다. [MP3 Unit 13_6]

The purpose(goal, aim) of this presentation is to discuss our new sales plans.
Today, we're here to decide on a new business model.
Today, I'd like to give you an overview of our new software.

이 프레젠테이션의 목적은 우리의 새로운 영업 계획에 대해 의논하기 위함입니다.
오늘, 새로운 비즈니스 모델을 정하고자 여기에 모였습니다.
오늘, 새로운 소프트웨어의 개요를 설명해드리고싶습니다.

💬 **Speaker** 저는 오늘 ~을 발표하겠습니다. [MP3 Unit 13_7]

I'd like to introduce you to our new sales strategies.
I'm going to update several features of our key services.
My presentation is about handling customer complaints.
I'd like to present the most important functions of our new product.
This afternoon, I'm going to be talking about our new program.

여러분에게 우리의 새로운 영업 전략을 소개해드리고 싶습니다.
우리의 주된 서비스의 몇 가지 특징을 새롭게 알려드리겠습니다.
제 프레젠테이션은 고객 항의를 해결하는 것에 대한 것입니다.
새로운 제품의 가장 중요한 기능을 보여드리고 싶습니다.
오늘 오후, 우리의 새로운 프로그램에 대해 말씀드리겠습니다.

Joanne's 표현 노트

개요 소개 표현
- I've divided my presentation into four main points.
  제 프레젠테이션을 4가지 요점으로 나눴습니다.
- I'll focus on three major issues in my presentation.
  제 프레젠테이션에서 3가지 주요 안건에 집중하겠습니다.

💬 **Speaker** 단계별로 요약하자면, MP3 Unit 13_8

First, I'll explain our new marketing methods using our competitors.
Secondly (After that), we'll move on to my second point.
Finally, I'd like to take a look at the customers' feedback.
Then, I'll review our essential advertising channels.
Next, I will walk you through our recent promotional events.
So, let me first give you a brief overview of our emerging market.

첫번째로, 저는 우리의 경쟁사를 이용한 새로운 마케팅 방법에 대해 설명할 것입니다.
두번째로 (그 뒤에), 두번째 요점으로 넘어가겠습니다.
마지막으로, 고객들의 피드백을 살펴보고 싶습니다.
그 다음에, 우리의 기본적인 광고 채널들을 검토할 것입니다.
다음으로, 저는 여러분에게 우리의 최근 홍보 행사를 보여드리겠습니다.
따라서, 우리의 신흥 시장에 대해 먼저 간단한 설명을 하겠습니다.

💬 **Speaker** ~에 대해 알고 계셨나요? MP3 Unit 13_9

What can we do to attract more customers?
How would you like to promote our new kitchenware?
Please think about how to satisfy consumer's needs.
Have you ever thought about time management at work?
Do you know why we need multiple communication channels?

더 많은 고객들을 유치하기 위해 무엇을 할 수 있을까요?
우리의 새로운 주방용품을 어떻게 홍보하시겠어요?
고객들의 요구를 만족시킬 방법을 생각해보세요.
직장에서의 시간 관리에 대해 생각해본 적 있나요?
다양한 의사소통 채널이 왜 필요한지 알고 계신가요?

💬 **Speaker** 이 점을 강조하고 싶습니다. MP3 Unit 13_10

I'd like to emphasize that we need to raise the budget next year.
I'd like to highlight that word of mouth will definitely increase our sales.
Let me elaborate on this point.
I'd like you to think about the significance of this figure here.
The most important thing is customer satisfaction.

내년 우리의 예산을 올려야 한다는 점을 강조하고 싶습니다.

입소문이 분명히 우리의 매출을 증가시킬 것이라는 점을 강조하고 싶습니다.

이 점을 자세히 설명해보겠습니다.

여기 이 도표의 중요성을 생각해 보셨으면 좋겠습니다.

가장 중요한 것은 고객의 만족입니다.

수치, 시각 자료 활용하기 수익이 증가/감소했습니다.

💬 **Speaker** 이 자료를 자세히 봐주세요.

MP3 Unit 13_11

Now, look over here please.

Please look at the pie chart carefully.

Let's look at these figures at the upper right of the screen.

Let us all be on the same page.

Please take a look at the bar graph in your handouts.

Now, let's look at the next slide, which shows this year's profits.

Let me tell you my main points with these flow charts here.

이제, 이곳을 봐주세요.

이 원 그래프를 자세히 봐주세요.

화면 우측 상단의 이 도표들을 살펴봅시다.

우리가 같은 생각을 하도록 맞춰봅시다. (같은 곳에 집중해 봅시다).

인쇄물의 막대 그래프를 살펴봐 주세요.

이제, 올해의 이익을 보여주는 다음 슬라이드를 살펴봅시다.

이 순서도를 통해 제 주요 요점을 말씀드리겠습니다.

Joanne's 표현 노트

이전 내용으로 돌아갈 때 표현

- Let's go back to what we were discussing earlier.
  저희가 앞서 논의하던 내용으로 돌아가 봅시다.

- As I mentioned earlier, customer satisfaction levels went down.
  앞서 언급했듯이, 고객 만족도가 하락했습니다.

💬 **Speaker** 수익이 증가/감소했습니다.   MP3 Unit 13_12

Our sales volume has been increasing (decreasing) by 25 % last year.
This chart shows the net profit went up (down) by 20% in the first half.
We have been in the black (red) for 2 years.
Our sales profit soared to 10 million this year.

작년 우리의 매출액이 25% 증가 (감소)했습니다.
이 도표는 상반기 순이익이 20% 증가 (감소)했음을 보여줍니다.
올해 우리는 2년간 흑자 (적자) 상태입니다.
우리의 영업 이익이 1천만 달러로 치솟았습니다.

프레젠테이션 마무리하기 이것으로 마치겠습니다.

💬 **Speaker** 요약해 말씀드리면,   MP3 Unit 13_13

In short, we need to keep up with the latest trends in technology.
In brief, our company should increase our budget for R&D.
Let me summarize the main points again.
To wrap up, I'd like to go over the issues that I've mentioned.

요약해보면, 우리는 기술의 최신 트렌드를 잘 따라가야 합니다.
간단히 말해서, 우리 회사는 연구 개발 부분을 위한 예산을 늘려야 합니다.
제가 요점을 다시 요약하겠습니다.
마무리를 위해, 제가 언급했던 주제들을 살펴보겠습니다.

💬 **Speaker** 이것으로 프레젠테이션을 마치겠습니다.   MP3 Unit 13_14

OK. That's all for today.
Thank you for your time.
Thank you all for your attendance today.
Thank you for listening.
Thank you for your attention.

좋습니다. 오늘은 이만 끝내겠습니다.

시간을 내주셔서 감사합니다.

모두 참석해주셔서 감사합니다.

(프레젠테이션을) 들어주셔서 감사합니다.

집중해 주셔서 감사합니다.

질문 받고 답변하기 질문 있으신가요?

Speaker 질문 있으신가요?

MP3 Unit 13_15

Are there any questions?

If you have any questions, feel free to ask.

I'll answer any questions you may have.

That concludes my presentation and let's move on to some questions.

질문 있으신가요?

질문이 있다면, 편하게 물어보세요.

여러분의 어떤 질문이든 답변해드리겠습니다.

이것으로 제 프레젠테이션을 마치고 이제 질문으로 넘어가 봅시다.

Joanne's 표현 노트

질문 칭찬하기 표현

- Good point. 좋은 지적입니다.
- That's a very good question. 아주 좋은 질문이네요.

답변을 모를 때 표현

- Interesting question. What do you think?
  흥미로운 질문이네요. 어떻게 생각하시나요?
- I'm afraid I don't have that information with me (now).
  제가 (지금) 그 정보를 갖고 있지 않은 것 같네요.

관계없는 질문을 받았을 때 표현

- I'm afraid I don't see any connection.
  어떤 연관성도 찾을 수 없는 것 같네요.
- Sorry, that's not my field.
  죄송하지만, 그건 제 분야가 아닙니다.

💬 Speaker 다시 한 번 말씀해 주시겠어요?

MP3 Unit 13_16

I'm sorry but could you say(repeat) that again?

I'm sorry but could you speak a little louder (more slowly)?

I'm not sure whether I understand you correctly.

Can you elaborate your question?

Can you please clarify what you said?

죄송하지만 다시 한 번 말씀해 주시겠어요?

죄송하지만 조금 더 크게 (천천히) 말씀해 주시겠어요?

당신의 말을 제대로 이해했는지 확실하지 않네요.

당신의 질문을 좀 더 자세히 설명해 주시겠어요?

말씀하신 것을 좀 더 명확하게 설명해주시겠어요?

> **Joanne's 표현 노트**
>
> **질문 답변 확인 표현**
> - Does that answer your question?
>   이것이 당신의 질문에 대한 답변이 될까요?
> - Is that OK now?
>   이제 괜찮으신가요?

💬 Speaker 그럼, 질의응답을 마치겠습니다.

MP3 Unit 13_17

If you have no more questions, we can wrap it up now.

This is my email address. If you have questions later, feel free to email me.

If there are no other questions, I'll finish here.

If you would like some more information, here is a list of useful websites.

더 이상의 질문이 없다면, 여기서 마치도록 하겠습니다.

제 이메일 주소입니다. 나중에 질문이 있는 경우, 편하게 이메일을 보내주세요.

질문이 더 없다면, 저는 여기서 끝내겠습니다.

더 많은 정보를 원하신다면 여기의 유용한 웹사이트 목록을 참고하세요.

Biz Talk Guide

| 협상 관련 전문 표현 |

• net income	순이익
• bottom line	핵심, 요점
• total sales	매출액
• annual revenue	연간 매출, 연간 수입
• cash reserve	현금 준비금
• in the red	적자 상태의
• in the black	흑자 상태의
• red ocean	경쟁이 치열해 진입하기 힘든 시장
• blue ocean	경쟁이 없거나 미약한 시장
• wholesale	도매의, 다량의
• retail	소매
• margin	매매 차익금, 판매 수익
• income statement	손익 계산서
• balance sheet	재정 증명서
• cash flow	현금 유동성
• exchange rate	환율
• transaction	거래, 매매
• trademark	상표
• credit	융자(금)
• interest	이자, 이익
• loan	대출(금)
• grant	양도, 권리 부여
• opportunity cost	기회 비용
• equity	자기 자본, 순수 가치
• inventory	재고(품)
• terms & conditions	조건
• article	조항, 항목
• clause	조항

롤플레잉(상황극 훈련)을 통해 STEP 2에서 배운 표현을 완벽히 익혀봅시다.

 참석해 주셔서 감사합니다.

MP3 Unit 13_18

상황극을 통해 역할을 바꾸어 가며 말하는 연습을 해봅시다.

Coworker

Let's give a warm welcome to Joanne.

Company worker

Thank you, Ashley.
Thank you all for attending my presentation.
Just so you know, I'm Joanne from the
Marketing Department.
Today, I'd like to introduce you to our
new sales strategies. I'd like to highlight that
word of mouth will definitely increase our sales.

동료: 조앤을 따뜻하게 맞아주세요.

회사원: 고마워요, 애슐리. 모두 제 프레젠테이션에 참석해 주셔서 감사합니다.

참고로 말씀드리면, 저는 마케팅 부서의 조앤입니다.

오늘, 저는 여러분에게 우리의 새로운 영업 전략을 소개해드리고 싶습니다.

저는 입소문이 분명히 우리의 매출을 증가시킬 것이라는 점을 강조하고 싶습니다.

 표현 사전

warm 따뜻한 welcome 환영, 반응 just so you know 참고로 말하자면 strategy 전략, 계획
highlight 강조하다 word of mouth 입소문

파이 그래프를 자세히 봐주세요.

상황극을 통해 역할을 바꾸어 가며 말하는 연습을 해봅시다.

Company worker

Let's look at these figures at the upper right
of the screen.
Our sales volume has been decreasing
by 25% last year.
Please look at the pie chart carefully.
This chart shows the net profit went down
by 20% in the first half.

회사원: 화면 우측 상단의 도표들을 살펴봅시다.

작년 우리의 매출액이 25% 감소했습니다.

이 원 그래프를 자세히 봐주세요.

이 도표는 상반기 순이익이 20% 감소했음을 보여줍니다.

● **Guide to Biz Talk**

발표를 돋보이게 하는 부사의 활용

Basically (Generally), we should focus on consumer behavior more closely.

As far as employees' satisfaction is considered, our company is no. 1 in the industry.

Most importantly, we need to arrange regular training sessions.

In other words, we should differentiate our business strategy.

근본적으로 (전반적으로), 우리는 소비자의 행동에 대해 더 자세히 집중해야 합니다.

직원 만족도에 있어서는, 우리 회사가 업계 최고입니다.

가장 중요한 것은, 우리가 정규 교육 과정을 열어야 한다는 것입니다.

다시 말해, 우리의 사업 전략을 차별화시켜야 합니다.

 표현 사전

figure 도표 sales volume 매출액, 판매량 decrease 감소하다 carefully 자세히, 주의하여
net profit 순이익 go down 내려가다, 낮아지다 first half 상반기

5

Chapter

Biz Talk - The Boss' Room

" 회사에서 본인 빼고 모두가 가장
들어가고 싶지 않은 방,
바로 상사의 사무실이 아닐까요?
업무 보고와 인사 평가를 위해
피해갈 수 없는 관문인 상사의 방에서는
어떤 표현을 쓸 수 있는지 배워봅시다. "

상사의 방

UNIT 14
업무 보고 (Project Report)

Unit 14 MP3

그림으로 익히는 필수 표현

얼마나 진행되었나요?

오늘도 상사의 질문으로 하루가 시작됩니다. 업무가 얼마나 되었냐, 언제까지 되냐, 왜 아직 안된거냐, 그럼 언제 줄 수 있냐… 다 자아실현의 일환이라 여기고 한 걸음 성장하기 위해! 오늘도 상사의 방으로 한 걸음 더 들어가 봅시다.

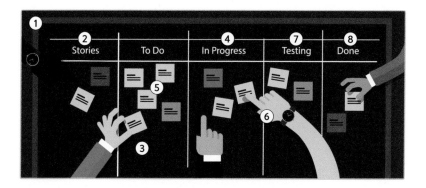

MP3 Unit 14_1

	표현	뜻
①	business proposition	사업 제안
②	business (budget, annual) report	사업 (예산, 연례) 보고서
③	board meeting	이사회
④	project in progress	진행 중인 프로젝트
⑤	to-do list, checklist	확인 사항, 체크리스트
⑥	work on	착수하다, 일하다
⑦	double check	재확인하다
⑧	meet a deadline	마감일을 맞추다

STEP 2 **실전 표현**

함께 업무를 진행하는 상사에 따라 어떤 사람은 직접 업무 상황을 물어보고 면대면의 보고 형식을 좋아하는 반면, 누군가는 모든 지시와 업무 보고를 이메일이나 메신저로 공유하길 원하기도 합니다. 이렇듯 상사의 선호도를 파악해서 알맞게 대처를 하면 더욱 슬기로운 회사 생활을 할 수 있습니다. 상사와의 원활한 업무 소통을 가능하게 해주는 표현들을 알아볼까요?

업무 보고하기 얼마나 진행되었나요?

💬 **Boss** 업무 보고해 주세요.   [MP3 Unit 14_2]

> **Please update me on the new exhibition schedule.**
> **Please report what I requested.**
> **Tell me the specifics.**
> **Can you give me a rundown on the project?**
> **Don't bypass me to report this data to the director.**
> **You can directly report this data to the director.**
>
> 새로운 전시 일정을 업데이트 해주세요(보고해 주세요).
> 요청했던 것을 보고해 주세요.
> 세부 사항을 말해줘요.
> 프로젝트의 설명을 해줄 수 있나요?
> 제 검토 없이 이사님에게 이 자료를 직접 보고하지 마세요.
> 이 자료는 이사님에게 바로 보고해도 괜찮아요.

💬 **Boss** 얼마나 진행되었나요?   [MP3 Unit 14_3]

> **How far are you with the proposal?**
> **How far have you gotten?**
> **How is it coming along?**
> **Did you get it done?**
>
> 제안서는 얼마나 진행됐나요?
> 얼마나 진행됐나요?
> 어떻게 진행되고 있나요?
> (업무를) 다 끝내셨나요?

💬 **Boss** 왜 이렇게 오래 걸리나요?

What's the hold up?
Why don't we speed up the process?
Can you meet the deadline?
It needs to be done by Friday at the latest.

왜 지체되는 건가요?
속도를 내서 처리해볼까요?
마감일을 지킬 수 있나요?
늦어도 금요일까지는 끝내야 합니다.

Joanne's 표현 노트

직원의 대답 표현
- I'm a little behind schedule. 일정보다 조금 밀렸어요.
- I'm stuck on some problems. 몇몇 문제에서 막혔어요.
- I'm working on several projects at the same time.
  저는 동시에 여러 개의 프로젝트를 진행 중이에요.

💬 **Company Worker** 거의 다 되어 갑니다.

I'm almost finished writing the budget report.
Everything is OK so far.
I'm about 25% (half) done.
I'll hand it in by Wednesday.
I was just about to get started.
It's going nowhere.
Everything is going according to plan.

예산 보고서는 거의 다 썼어요.
지금까지는 다 괜찮아요.
25% 정도 (반 정도) 했어요.
수요일까지 제출하겠습니다.
이제 막 시작하려던 참이었어요.
전혀 진척이 없어요.
계획대로 모든 것이 진행되고 있어요.

보고서를 제출할 때 / 요청사항을 완료했을 때 표현

- There you go. 여기 있습니다.
- I've already updated the report you requested.
  요청하신 보고서 업데이트는 이미 끝냈어요.
- I've just done all the prep work for today's meeting.
  오늘 회의를 위한 모든 준비를 끝냈습니다.

Boss 보고서를 다시 고쳐오세요.

MP3 Unit 14_6

The report was not approved.
You should make some alterations.
Please start it again from scratch.
Come up with a final draft.
Turn in the report before you leave today.
Make sure to cross the t's and dot the i's.
You'd better double-check all the reports before handing them in.

보고서가 승인되지 않았어요.
수정을 좀 해야 할 것 같네요.
처음부터 다시 시작해 주세요.
최종안을 제출해 주세요.
오늘 퇴근 전에 보고서를 제출해 주세요.
(보고서를) 꼼꼼히 살피는 것을 잊지 마세요.
제출하기 전에 모든 보고서를 다시 한번 확인하는 게 좋을 것 같아요.

 Joanne선배의 회사생활 TIP

보통 보고서는 1차, 2차, 3차 수정을 거쳐 최종, 최최최최종까지 가도 끝나지 않는 작업임이 틀림없다.
이러한 보고서와 관련된 표현을 익혀보자.

- draft   (완성본이 아닌) 초안
- revise (revision)   변경하다, 수정하다 (수정)
- modify (modification)   수정하다, 바꾸다 (수정, 변경)
- alter (alteration)   바꾸다, 고치다 (고침, 변경)
- proofread   교정을 보다

💬 Boss 업무를 부탁해요. MP3 Unit 14_7

Make sure to let me know the results after the meeting.
Just keep me posted(in the loop).
I'd like you to make arrangement for my biz trip.
Please fill in for me.
Email me the supplier listings right away.
I'd like you to meet with our VIP customers.

회의 후에 제게 결과를 알려주는 것을 잊지 마세요.
(진행 상황을) 저에게 계속 보고해 주세요.
출장 준비를 좀 해주세요.
제 업무를 맡아주세요.
공급처 명단을 이메일로 바로 보내줘요.
당신의 VIP 고객들과 만났으면 좋겠네요.

💬 Company Worker 제가 해보겠습니다. MP3 Unit 14_8

I'll get right on it.
I'll be working on that.
I'll keep digging.

지금 바로 시작해볼게요.
제가 진행해 보겠습니다.
계속 몰두해(찾아내) 보겠습니다.

조언하고 받기 조언 부탁드려요.

💬 Company Worker 조언 부탁드려요. MP3 Unit 14_9

Do you have a moment, please?
May I have a word with you?
May I ask for your advice?
Can I talk to you now?
Please share your experience.
Can we talk for a minute?

잠시 시간 되세요?

대화 좀 나눌 수 있을까요?

조언 좀 해주시겠어요?

지금 대화 가능하세요?

경험을 공유해 주세요.

잠깐 말씀 나눌 수 있을까요?

상사의 대답 표현
- I'm sorry. I'm super busy right now. 미안하지만 제가 지금 너무 바빠서요.
- How about tomorrow afternoon, around 3? 내일 오후 3시쯤은 어떨까요?

💬 **Boss 조언을 드리자면,**   MP3 Unit 14_10

Please organize things ahead of time.

Please do more research for your work.

Don't take anything personally.

Don't worry about office politics.

Don't be afraid to ask questions.

Once you get the hang of it, it will become a lot easier.

Everyone makes mistakes sometimes.

미리 계획을 짜보세요.

업무를 위해 조사를 더 해보세요.

그 어떤 것도 너무 개인적으로 받아들이지 말아요.

사내 정치에 대해서는 신경쓰지 마세요.

편하게 질문하세요.

일을 이해하면(업무가 익숙해지면), 훨씬 더 쉬워질 겁니다.

누구나 가끔 실수를 해요.

Company Worker 너무 감사합니다.

MP3 Unit 14_11

Thank you for everything.
Thank you for your help (time).
It will be very helpful for my work.

여러모로 감사합니다.
도움에 (시간에) 감사합니다.
제 업무에 많은 도움이 될 것입니다.

Joanne's 표현 노트

화답 표현
- I'm glad to be of help. 제가 도움이 되었다니 기쁘네요.
- Don't mention it. 별 말씀을요.
- Don't make too much of it. 너무 대단하게 생각하지 않아도 돼요.

일정 조율하기 일정은 아래와 같습니다.

 Boss 일정 좀 알려주세요.

MP3 Unit 14_12

When is the conference held?
When is the launch date?
What time does the board meeting end?
When is the conference call meeting scheduled?
How long will the presentation take?
Let me have our weekly meeting schedule for this month.

컨퍼런스(회의)가 언제 열리나요?
출시 일자가 언제인가요?
이사회가 언제 끝나나요?
컨퍼런스 콜 회의가 언제로 예정되어 있나요?
프레젠테이션이 얼마나 걸리나요?
이번 달 주간 회의 일정을 알려주세요.

💬 **Company Worker** 언제가 편하세요? MP3 Unit 14_13

When is the most convenient time for you?
Let's set up a meeting at your convenience.
What day do you have in mind?
What time would work best for you?
What time would be convenient for you?

언제가 가장 편하신가요?
편하신 시간에 회의를 잡겠습니다.
무슨 요일을 생각하고 계신가요?
언제가 가장 좋으실까요?
언제가 편하실까요?

💬 **Company Worker** 일정은 아래와 같습니다. MP3 Unit 14_14

The annual conference will be held in room A on September 21st.
The meeting will start at 10 a.m. and finish at 3 p.m.
The deadline is Friday, April 25th.

연례 회의는 9월 21일 회의실 A에서 열릴 예정입니다.
회의는 오전 10시에 시작해서 오후 3시에 끝날 거예요.
마감일은 4월 25일 금요일입니다.

💬 **Company Worker** 일정이 조정됐어요. MP3 Unit 14_15

The itinerary has been changed.
The deadline has been extended.
We need to change the meeting to some other time.
The workshop schedule has been pushed up by a week.
We will change the meeting place to a larger place.
The project has been canceled.
Please postpone the presentation till next Friday.

여행 일정이 조정됐어요.
마감일이 연장됐어요.
다른 시간으로 회의 일정을 조정해야 해요.
워크샵 일정이 일주일 앞당겨 졌습니다.
더 넓은 곳으로 회의 장소를 변경할 거예요.
프로젝트가 취소됐어요.
다음 주 금요일까지 발표를 미뤄주세요.

롤플레잉(상황극 훈련)을 통해 STEP 2에서 배운 표현을 완벽히 익혀봅시다.

 얼마나 진행되었나요?   MP3 Unit 14_16

상황극을 통해 역할을 바꾸어 가며 말하는 연습을 해봅시다.

Boss

> **How far are you with the proposal?**

> **Well, I'm a little behind schedule.**
> **I'll hand it in by Wednesday.**

Company Worker

Boss

> **What? The deadline is tomorrow.**
> **What's the hold up?**

> **I'm sorry. I'm stuck on some problems.**
> **I'll do my best.**

Company Worker

상사: 제안서는 얼마나 진행되었나요?
회사원: 글쎄요, 일정보다 조금 밀렸어요. 수요일까지 제출할게요.
상사: 뭐라구요? 마감일이 내일이에요. 왜 지체되는 거죠?
회사원: 죄송합니다. 몇몇 문제에서 막혔어요. 최선을 다하겠습니다.

 표현 사전

> how far 어느 정도, 얼마만큼 proposal 제안서 behind (진도가) 뒤떨어져, 늦어
> hand in 제출하다 deadline 기한, 마감 일자 hold up (진행의) 지체, 정체 stuck on ~에 빠져
> do one's best 최선을 다하다

일정이 어떻게 되나요?

상황극을 통해 역할을 바꾸어 가며 말하는 연습을 해봅시다.

Boss

When is the conference held?

Company Worker

**The schedule has been pushed up by a week.
It'll be held in room A on September 21st.
It'll start at 10 a.m. and finish at 3 p.m.**

Boss

Thank you for everything.

상사: 회의가 언제 열리나요?

회사원: 일정이 일주일 앞당겨 졌습니다. 회의는 9월 21일 회의실 A에서 열릴 예정입니다.
　　　　오전 10시에 시작해서 오후 3시에 끝날 거예요.

상사: 고마워요.

 표현 사전

conference 회의 push up 당기다, 밀어 올리다

UNIT 15
인사 평가 (Personnel Evaluation)

Unit 15 MP3

STEP 1 그림으로 익히는 필수 표현

업무 성과가 좋네요.

모든 회사원의 꿈은 하루 빨리 승진하고 하루 빨리 월급이 인상되어 자아실현은 물론, 여유 있는 삶까지 두 마리 토끼를 잡는 것이 아닐까 생각됩니다. 인사 평가를 할 때는 어떤 이야기가 오가게 될까요? 지금부터 알아봅시다.

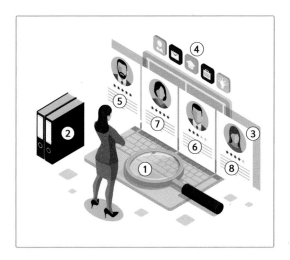

MP3 Unit 15_1

	표현	뜻
①	personnel evaluation	인사평가
②	job performance measure	직무 수행 평가
③	evaluation sheet	평가표
④	work capability	업무 역량
⑤	promoted	승진된
⑥	demoted	강등된
⑦	raise salary	임금을 인상하다
⑧	cut salary	임금을 삭감하다

예전에 회사 다닐 때는 월급날이 그렇게 좋았는데 사실 받고 나서 자세히 보면 4대보험에 무슨 세금에 또 세금이 붙어 '아 진짜 열심히 했는데, 일한 만큼은 못 받는구나!' 하면서 시무룩 하곤 했었지요.
옆구리가 시리지 않게 나를 꽉 채워줄 영어 표현으로 외국인 상사의 사랑을 한 몸에 받아 봅시다.

급여, 승진 말하기 월급을 인상하겠습니다.

💬 Boss 월급을 인상하겠습니다.

MP3 Unit 15_2

I've got good news for you.
We decided to raise your salary by 10%.
I'm going to raise (double, lower) your salary.
I hope this raise will improve your morale.
Unfortunately, we are unable to raise salaries.

당신을 위한 좋은 소식이 있습니다.
급여를 10% 인상하기로 결정했습니다.
급여를 인상할 (두배로 인상할, 삭감할) 예정입니다.
이러한 급여 인상이 사기를 높여주길 바랍니다.
유감스럽지만, 급여를 인상할 수 없습니다.

Joanne's 표현 노트

추가 표현
- I got a raise. 제 월급이 올랐습니다.
- My salary was cut. 제 급여가 삭감됐어요.

 Joanne선배의 회사생활 TIP

회사에 따라 다르지만, 인사 및 업무 평가의 대화를 나누는 과정에서 스스로의 업무를 직접 평가하는 자가 평가(self-assessment)의 시간을 갖기도 한다. 그동안 자신이 한 업무와 이뤄낸 성과를 정리하여 상사에게 스스로를 어필하는 과정이다. 상사가 생각하는 내 업무와, 내가 실제 이행한 업무 사이의 간극을 줄여주는 장치이기도 하다.
만약 자가 평가 시간이 따로 존재하지 않더라도, 본인의 업무와 성과를 A4 용지 한 장 정도에 미리 요약하여 면담 시간에 가져가면 보다 깔끔한 인사 평가를 이뤄낼 수 있다. 해당 내용은 수치와 데이터 위주로 작성할수록 더 유리하다는 점은 덤!

 **Company Worker** 승진하고 싶어요.

MP3 Unit 15_3

I got a promotion.
I hope to be promoted.
I expect to be a manager next year.
I'd like to get bonuses like performance-based pay.
I'm being transferred to another department.
I'd like to get better benefits and work conditions.
I want to get a pay raise of 15 percent.

저 승진했어요.
승진하고 싶어요.
내년에는 부장으로 승진하고 싶습니다.
저는 성과급 같은 보너스를 받고 싶습니다.
저는 다른 부서로 옮기게 되었습니다.
더 나은 복리 후생 제도와 근무 환경을 바랍니다.
15%의 급여 인상을 받고 싶습니다.

Joanne's 표현 노트

축하 표현
- Congratulations on your promotion. 승진 축하해요.
- I know you worked so hard! Congratulations. 그동안 정말 열심히 일하신 걸 알아요! 축하해요.
- Your hard work finally paid off. 열심히 일하신게 결국 빛을 발하네요.

격려하고 평가하기 업무 성과가 좋네요.

 Boss 업무 평가를 합시다.

MP3 Unit 15_4

Let's have a performance conversation next Monday.
I'll give you some performance feedback on the evaluation sheet.
Your performance review will be next week.

다음 주 월요일에 업무 평가 관련 대화를 합시다.
평가표에 업무 관련 피드백을 드리도록 하겠습니다.
다음 주에 인사 고과가 있을 거예요.

Boss 업무 성과가 좋네요.

I'm impressed that you always deliver.
You're a highly competent employee.
You're a top performer.
You're a team player.
I think you're versatile.
Your idea was a big hit this year.
That was incredible work.
It took me by surprise.

항상 성과를 낸다는 것이 인상 깊네요.
당신은 매우 유능한 직원이에요.
당신은 우수 직원입니다.
당신은 협동을 잘하는 사람이에요.
당신은 다재다능해요.
올해 당신의 아이디어는 큰 성공을 거두었어요.
아주 훌륭한 업무였습니다.
그건 놀라웠어요.

Boss 성과가 별로 안 좋네요.

Your job performance wasn't so good last quarter.
I'm a little disappointed in your work these days.
Tell me what's wrong.
Is there anything affecting your work performance?
I'm concerned about your job performance lately.

지난 분기 업무 성과가 별로 좋지 않았네요.
요즘 당신의 업무에 조금 실망스럽군요.
뭐가 문제인지 말해보세요.
업무 성과에 영향을 미치는 무언가가 있나요?
당신의 최근 업무 성과가 걱정되네요.

💬 **Company Worker** 이 부분이 힘들어요. MP3 Unit 15_7

My job is way too demanding.
I have a lack of experience and skills.
I'm stressed out these days.
I'm being bullied these days.
I'm not good at office politics.
I'm not cut out for this job.
I don't think I belong here.
I often make mistakes.
I think my work schedule is very tight.
I have an overloaded working schedule.

제 업무가 너무 부담이 커요.
저는 업무 경력과 능력이 부족해요.
요즘 스트레스를 받아요.
요즘 괴롭힘을 당해요.
저는 사내 정치를 잘 못해요.
저는 이 일에 적합하지 않아요.
제가 이곳에 어울린다고 느끼지 않아요.
제가 자주 실수를 해요.
제 업무 일정이 너무 빠듯한 것 같아요.
너무 부담스러운 업무 일정을 갖고 있어요.

💬 **Boss** 이렇게 해보세요. MP3 Unit 15_8

You don't have to beat yourself up.
Please map out your goals more precisely.
Why don't we make an action plan for improving your work efficiency?
You need to improve these points.
I think you should work a little more productively.
I'll have coaching conversations with you on a regular basis.

스스로 자책할 필요는 없어요.
본인의 목표를 좀 더 신중하게 계획해 보세요.
업무 효율 향상을 위한 실행 계획을 세워보는 것은 어떨까요?
이러한 점들을 개선해야 해요.
좀 더 생산적으로 일해야 한다고 생각해요.
주기적으로 당신과 코칭(지도) 대화를 갖도록 할게요.

💬 Boss 열심히 해보세요.

Just keep working on it.
Just try your best.
Try harder from now on.
It'll pay off soon.
I have high expectations for you.
I know you can do better.

계속 열심히 해보세요.
최선을 다해보세요.
지금부터 더 열심히 해보세요.
언젠가는 성공할 거예요 (빛을 발할 거예요).
당신에게 높은 기대를 갖고 있어요.
당신이 더 잘할 수 있다는 걸 알아요.

💬 Company Worker 더 열심히 할게요.

Thank you for your pep talk.
You've been such a big help.
I can't thank you enough.
Thank you sir (ma'am).

격려의 말씀 감사합니다.
아주 큰 도움이 되주셨어요.
대단히 감사합니다.
감사합니다.

💼 Joanne선배의 회사생활 TIP

상사와의 인사 평가 면담을 단순히 일방적인 평가만을 듣는 시간이라고 생각한다면 큰 오산! 면담 내내 너무 소극적인 태도 보다는, 상사에게 적절한 질문을 던지며 자세한 업무 조언이나, 앞으로 팀의 방향성, 혹은 나를 향한 보다 깊은 평가를 들어보자. 아래와 같은 질문들을 활용하여 더 적극적이고 유익한 인사 평가 시간을 만들수 있다.

• What's going to be our main project this year? 올해 우리의 주요 프로젝트는 무엇인가요?
• What will be my key role in the team this year? 올해 팀에서 저의 주요 역할은 무엇인가요?
• What is our goal for the next year? 내년 우리의 목표는 무엇인가요?

롤플레잉(상황극 훈련)을 통해 STEP 2에서 배운 표현을 완벽히 익혀봅시다.

월급을 인상하겠습니다.

MP3 Unit 15_11

상황극을 통해 역할을 바꾸어 가며 말하는 연습을 해봅시다.

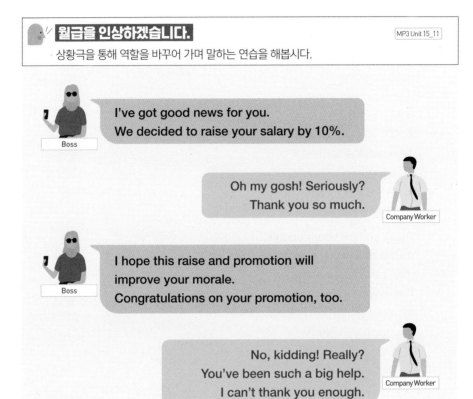

Boss
I've got good news for you.
We decided to raise your salary by 10%.

Company Worker
Oh my gosh! Seriously?
Thank you so much.

Boss
I hope this raise and promotion will improve your morale.
Congratulations on your promotion, too.

Company Worker
No, kidding! Really?
You've been such a big help.
I can't thank you enough.

상사: 당신을 위한 좋은 소식이 있어요. 급여를 10% 인상하기로 결정했습니다.
회사원: 어머나! 정말요? 정말 감사합니다.
상사: 이러한 급여 인상이 사기를 높여주길 바랍니다. 승진도 축하해요.
회사원: 정말요? 정말인가요? 그동안 아주 큰 도움이 되주셨어요. 정말 감사해요.

 표현 사전

raise 인상, 상승 promotion 승진 morale 사기, 의욕 congratulation 축하해요, 축하
no kidding (감탄사) 정말?, 설마

요즘 스트레스 받아요.

상황극을 통해 역할을 바꾸어 가며 말하는 연습을 해봅시다.

Boss

So tell me what's wrong.

Company Worker

I'm stressed out these days because
I often make mistakes.
My job performance wasn't so good last quarter.

Boss

You don't have to beat yourself up.
Why don't we make an action plan for
improving your work efficiency?

Company Worker

Sure. Thank you for your pep talk.

상사: 뭐가 문제인지 말해보세요.

회사원: 요즘 자주 실수를 해서 스트레스를 받아요. 지난 분기 제 업무 성과가 별로 좋지 않았어요.

상사: 스스로 자책할 필요는 없어요. 업무 효율 향상을 위한 실행 계획을 세워보는 것은 어떨까요?

회사원: 격려의 말씀 감사합니다.

 표현 사전

wrong 잘못된, 틀린 stressed out 스트레스를 받다 these days 요즘에 mistake 실수
job performance 업무 성과 quarter 분기 beat oneself up 자책하다 action plan 실행 계획
improve 향상시키다, 개선하다 work efficiency 업무 효율(성) pep talk 격려의 말(연설)

UNIT 16
휴가 신청 [Vacation]

Unit 16 MP3

그림으로 익히는 필수 표현

휴가 좀 쓰겠습니다.

드디어 바쁜 업무를 조금은 정리하고 뒤로 미룬 채, 숨을 돌리러 가 볼 때입니다! 휴가와 관련된 표현은 무엇이 있는지 신나는 마음으로 들여다볼까요?

MP3 Unit 16_1

	표현	뜻
①	holiday season	휴가철
②	summer (winter) vacation	여름 (겨울) 휴가
③	off (on) duty	근무 중이 아닌 (근무 중인)
④	(un)paid leave	(무)유급 휴가
⑤	go on a holiday	휴가를 가다
⑥	vacation spot	휴양지
⑦	swimsuit	수영복
⑧	summer vacation plan	여름 휴가 계획

지각에 대처하는 방법부터 적절한 순간에 물 흐르듯이 휴가를 승인받는 방법까지, 어렵게만 느껴지는 상황들을 술술 풀어주는 생활 표현들을 살펴봅시다.

지각하고 휴가 내기 휴가 좀 쓸게요.

💬 **Boss** 왜 지각했나요?　　　　　　　　　　　　　MP3 Unit 16_2

Why are you always late these days?
You are late again. Can you explain why you are late?
Just clock in and out on time, all right?
Don't be late again.
Let's not be late for work.
Being on time is very important.
You should always be punctual.

요즘 왜 항상 지각을 하나요?
또 지각이네요. 왜 늦었는지 설명해줄래요?
정각에 출퇴근하세요, 아시겠죠?
다시는 늦지 마세요.
회사에 지각하지 맙시다.
정시에 출근하는 것은 아주 중요해요.
항상 시간을 잘 지켜야 해요.

💬 **Company Worker** 지각해서 죄송합니다.　　　　　　MP3 Unit 16_3

I'm sorry for being late today.
I won't be late again.
This won't happen again.

오늘 지각해서 죄송합니다.
다시는 늦지 않겠습니다.
다시는 이런 일이 없을 거예요.

💬 **Company Worker** 급한 일이 있었어요. MP3 Unit 16_4

I had a family affair(family emergency) this morning.
There was a car accident this morning.
My car just stopped in the middle of the highway.
There was unusual heavy traffic on the roads.
My baby was very sick this morning. She's OK now, though.
I had a severe stomachache all morning.
I had diarrhea (a high fever) through the morning (all night).
My alarm didn't go off.
I just overslept(slept in).

오늘 아침에 집안일(집안의 급한 일)이 있었어요.
오늘 아침에 차 사고가 있었어요.
제 차가 고속도로 중간에 딱 멈췄어요.
도로에 보기 드물게 심한 교통체증이 있었어요.
오늘 아침에 아이가 너무 아팠어요. 근데 지금은 괜찮아요.
아침 내내 배가 너무 심하게 아팠어요.
아침 내내 (밤새도록) 설사를 했어요 (고열이 났어요).
알람이 울리지 않았어요.
늦잠을 잤어요.

💬 **Company Worker** 휴가 좀 쓰겠습니다. MP3 Unit 16_5

I'm looking forward to my vacation.
I'll take my annual leave starting tomorrow.
I'll take my monthly leave this Friday.
I'd like to be off this Thursday.
I'd like to take a day off.
I'll take a half day off tomorrow afternoon.
I'm on sick leave.
Melina's on maternity leave.

저는 휴가를 손꼽아 기다리고 있어요.

내일부터 연차를 쓸게요.

이번 주 금요일에 월차를 쓸게요.

목요일에 쉬고 싶습니다.

하루 쉬고 싶어요.

내일 오후에 반차를 쓸게요.

저는 병가 중이에요.

멜리나는 출산 휴가 중이에요.

Joanne's 표현 노트

휴가 기간 질문 표현
- How long is your vacation this year? 올해 휴가는 얼마나 되나요?

💬 Company Worker 제 휴가 계획입니다.

MP3 Unit 16_6

What's your summer vacation plan like?

I'm going to go to Los Angeles this summer.

My vacation is from July 12th to July 24th.

I'll be back next Monday.

Jessica will take care of my work while I'm gone.

여름 휴가 계획이 어떻게 되나요?

이번 여름에 LA에 갈 계획이에요.

제 휴가는 7월 12일부터 24일까지입니다.

다음 주 월요일에 돌아올 거예요.

제가 없는 동안 제시카가 제 업무를 맡을 예정입니다.

Joanne선배의 회사생활 TIP

통증이나 아픔을 묘사할 땐 동사 'have'를 유용하게 사용할 수 있다.
'(통증이나 아픔이) 있다'라는 뜻을 활용하여 'I have ~, I'm having ~'의 형태로 말한다.

I have a headache. 두통이 있어요.

I'm having a back pain now. 허리 통증이 있어요.

I have a fever. 열이 나요.

참고로, 구체적인 통증 대신 '그냥 몸이 좀 안좋아서요...'를 표현하고 싶다면 아래의 표현을 익혀두자.

I'm not feeling well.

I'm not feeling good today.

I feel under the weather.

조퇴하고 퇴근하기 슬슬 퇴근하겠습니다.

MP3 Unit 16_7

💬 **Company Worker** 조퇴해도 될까요?

May I leave(get off) a little earlier today?
May I clock out a little early today?
I need to clock in an hour late tomorrow.
I've got to go a little early today.

오늘 조금 빨리 퇴근해도(조퇴해도) 될까요?
오늘 조금 빨리 퇴근해도 될까요?
내일 한시간 정도 늦게 출근해야 해요.
오늘 조금 빨리 들어가봐야 해요.

MP3 Unit 16_8

💬 **Company Worker** 슬슬 퇴근할까 합니다.

When will you get off today?
Could I leave about 30 minutes early today?
I'd better take off for the day.
I'm about to leave now.
Tell him that I'm gone for the day.
Jacob left about 5 minutes ago.
I can't leave the office just yet.
Unless there's anything else, I'm leaving for the day.
Everyone has gone home.

언제 퇴근하실 건가요?
오늘 30분 정도 일찍 퇴근해도 될까요?
오늘은 이만 들어가 볼까 합니다.
지금 막 퇴근하려던 참이에요.
그에게 저는 퇴근했다고 말해주세요.
제이콥은 5분 정도 전에 퇴근했어요.
아직은 퇴근을 못하겠네요.
별일 없으면, 저는 퇴근할게요.
모두 퇴근했어요.

| 다양한 임금 형태, 고용 형태의 표현 |

- wage   짧은 기간을 기준으로 업무량에 따라 지급되는 임금
- salary   긴 기간을 기준으로 지급되는 고정적, 정기적 임금
- income   소득, 수입

- weekly pay   주급
- monthly pay   월급
- annual salary   연봉
- hourly wage   시간 당 임금
- performance based pay   성과급
- bonus   상여금
- commission   (판매 대가로 받는) 수수료
- pension / superannuation   퇴직금

- paycheck   급료 지불 수표
- payroll   급여 지불 총액

- full-time worker   정규직 사원
- part-time worker (part-timer)   시간제 근로자, 아르바이트
- side job   부업
- regular employee   정규직 사원
- contract employee   계약직 직원
- temporary employee   임시직 직원
- short-term contract   단기 계약직 직원
- resident workers   주재원
- shift workers   교대 근무자
- freelancer   프리랜서
- trainee   수습 직원
- intern   인턴 사원

롤플레잉(상황극 훈련)을 통해 STEP 2에서 배운 표현을 완벽히 익혀봅시다.

지각해서 죄송합니다.

MP3 Unit 16_9

상황극을 통해 역할을 바꾸어 가며 말하는 연습을 해봅시다.

> **Boss**
> You are late again.
> Can you explain why you are late?

> **Company Worker**
> I'm so sorry for being late today.
> My baby was very sick this morning.
> She's OK now, though.

> **Boss**
> Good. Just try not to be late again.

> **Company Worker**
> OK. I got it.

상사: 또 지각이네요. 왜 늦었는지 설명해줄래요?

회사원: 또 지각을 해서 정말 죄송합니다. 오늘 아침에 아이가 너무 아팠어요. 근데 지금은 괜찮아요.

상사: 다행이네요. 다시는 늦지 않도록 하세요.

회사원: 네. 알겠습니다.

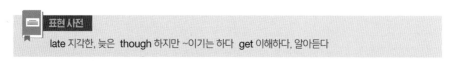

표현 사전

late 지각한, 늦은 though 하지만 ~이기는 하다 get 이해하다, 알아듣다

퇴근하겠습니다.

상황극을 통해 역할을 바꾸어 가며 말하는 연습을 해봅시다.

MP3 Unit 16_10

 When will you get off today?

Company Worker

 **I'm about to leave now.
Something to say?**

Boss

 I'll take my monthly leave this Friday.

Company Worker

 That'll be OK.

Boss

회사원: 언제 퇴근하실 건가요?
상사: 지금 막 퇴근하려던 참이에요. 할 말이 있나요?
회사원: 이번 주 금요일에 월차를 쓰려구요.
상사: 괜찮을 것 같네요.

 표현 사전

get off 떠나다, 출발하다 monthly leave 월차

6

Chapter

Biz Talk - Business Trip

> " 새로운 사람을 만나고
> 새로운 장소에 가보는 기회는
> 해외 출장을 설렘 반, 기대 반으로 만들어
> 줍니다. 해외 출장을 성공으로 이끌어 주는
> 다양한 영어 표현을 익혀봅시다. "

출장

UNIT 17
출장 준비 (Preparing for Biz Trip)

Unit 17 MP3

STEP 1 그림으로 익히는 필수 표현

출장 준비는 확실하게!

막상 해외 출장을 가게 되면 가기 전 부터 준비할 게 산더미 같아요. 도착해서는 하루 종일 회의에, 다녀와서는 보고서랑 경비 영수증 처리까지! 사실, 한 번 움직이면 이 모든 게 다 일입니다. 그래도 출장 준비만 꼼꼼하게 잘해두면 가서는 당황할 일이 없겠죠? 출장 준비 시 알아두면 유용한 표현들을 차근차근 살펴봅시다.

MP3 Unit 17_1

	표현	뜻
①	passport	여권
②	flight ticket	항공권
③	itinerary	여행 일정표
④	book a flight ticket	항공권을 예약하다
⑤	credit card	신용카드
⑥	earphones	이어폰
⑦	sunscreen	자외선 차단제
⑧	meeting materials	회의 자료

STEP 2 실전 표현

출장이 정해졌다면 가장 먼저 할 일은 왕복 비행기 표를 구매하는 것! 이외에도 비자가 필요한 나라로의 방문이라면 비자 신청 및 서류 업무가 필요하기 때문에 충분한 시간을 갖고 미리미리 준비해야 합니다. 요즘은 인터넷으로 다 가능하지만 여행사에 전화해 유선상 간편하게 모든 예약을 마칠 수도 있어요. 출장 준비에 필요한 표현을 배워봅시다.

비행기, 렌터카 예약하기 왕복 비행기표를 구매하고 싶습니다.

 Company Worker 왕복 비행기표를 구매하고 싶습니다.　　　MP3 Unit 17_2

I'd like to book a flight ticket to Los Angeles.
I need a one way ticket to Hong Kong.
Is there a nonstop flight to Sydney from Seoul?
I'd like to book a return ticket.
How much is a round trip ticket from Seoul to Munich?
I'm leaving on June 25th and returning on July 2nd.
I'd like to reserve a rental car during the trip.

로스앤젤레스행 비행기표를 예약하고 싶어요.
홍콩행 편도 항공권이 필요해요.
서울에서 시드니까지 직항 항공편이 있나요?
왕복 항공권을 예약하고 싶습니다.
서울에서 뮌헨까지의 왕복 항공권은 얼마인가요?
저는 6월 25일에 떠나서 7월 2일에 돌아옵니다.
여행 기간 동안 자동차를 대여하고 싶습니다.

 Joanne선배의 회사생활 TIP

실수 없는 비행기표 예약을 위해선 항공편과 관련된 구체적인 표현들을 알아두는 것이 좋다.
아래의 관련 필수 표현을 살펴보자.

• one way ticket	편도 항공권
• return ticket, round ticket	왕복 항공권
• nonstop	직항의
• layover, stopover	경유
• jet lag	시차로 인한 피로감

Travel Agent 이코노미 항공편으로 드릴까요?

MP3 Unit 17_3

Where are you going sir (ma'am)?
Which date would you like to depart to New York?
Would you like an economy class ticket?
May I have your full name, please?
I'm calling to request a copy of your passport.
Please pay $900 by 3 p.m. tomorrow.
Your reservation is confirmed.

손님, 어디로 가시나요?
어느 날짜에 뉴욕으로 출발하고 싶으신가요?
이코노미 항공편으로 드릴까요?
성함이 어떻게 되시나요?
여권 사본을 요청하려고 전화 드립니다.
내일 오후 3시까지 900달러를 지불해 주세요.
예약이 확정되었습니다.

숙박 예약하기 방을 예약하고 싶어요.

 Company Worker 방을 예약하고 싶어요.

MP3 Unit 17_4

I'd like to reserve a twin room on October 12th.
I'd like a single room with an ocean view.
What is the daily rate?
Does it include tax and service charge?
I'd like to cancel my reservation.
I'd like to make a reservation for 3 days from March 10th.

10월 12일에 트윈 룸을 예약하고 싶어요.
바다가 보이는 싱글 룸이 좋겠네요.
숙박 요금이 하루에 얼마인가요?
세금과 봉사료를 포함한 가격인가요?
예약을 취소하고 싶어요.
3월 10일부터 3일간 예약을 하고 싶어요.

추가 질문 표현

- Do you have any other cheaper room? 좀 더 저렴한 방은 없나요?
- Can I pay by credit card? 신용카드로 결제할 수 있나요?
- Is the breakfast included? 조식이 포함되어 있나요?
- Do you offer a shuttle service? 셔틀 서비스를 제공하나요?
- Do I need a deposit for the reservation? 예약을 위해 보증금을 내야 하나요?

💬 Hotel Receptionist 어떤 방을 원하시나요?

MP3 Unit 17_5

This is the Cozitel Hotel. How may I help you?

How many days will you be staying?

What kind of room would you like?

If you'd like a room with an ocean view, it would be $150 per day.

May I have your phone number, please?

We're fully booked up right now.

코지텔 호텔입니다. 어떻게 도와드릴까요?

며칠 동안 머무르실 건가요?

어떤 방을 원하시나요?

바다가 보이는 방을 원하신다면, 하루당 요금은 150달러입니다.

전화번호 주시겠어요?

지금은 예약이 다 찼어요.

Joanne선배의 회사생활 TIP

비행기표부터 호텔까지, 출장 관련 모든 예약을 전화가 아닌 인터넷으로 간편하게 해결할 수 있는 시대입니다. 만일 온라인으로 예약을 한다면, 추후 예약 현황을 확인하거나 수정 사항이 발생할 경우를 대비하여 예약 확인 번호(reservation number)나 확인 이메일(confirmation email) 등을 까먹지 않고 저장해 두는 것이 좋습니다. 문의 사항이나 수정 사항의 접수는 직접 전화를 통해 남기는 것이 가장 빠른 방법임은 참고!

롤플레잉(상황극 훈련)을 통해 STEP 2에서 배운 표현을 완벽히 익혀봅시다.

 왕복 비행기표를 구매하고 싶습니다.

MP3 Unit 17_6

상황극을 통해 역할을 바꾸어 가며 말하는 연습을 해봅시다.

Where are you going sir?

Travel Agent

I'd like to book a flight ticket to Los Angeles.
I'm leaving on June 25th and returning on July 2nd.
How much is a nonstop round trip ticket from Seoul?

Company Worker

If you want an economy class ticket, it would be $900.

Travel Agent

OK. I'd like to pay by credit card.

Company Worker

여행사 직원: 손님, 어디로 가시나요?
회사원: 로스앤젤레스행 비행기표를 예약하고 싶습니다. 6월 25일에 떠나서 7월 2일에 돌아오려고요.
서울에서 바로 가는 왕복 항공권은 얼마인가요?
여행사 직원: 이코노미 항공편을 원하신다면, 900달러입니다.
회사원: 네. 신용카드로 결제할게요.

 표현 사전

flight ticket 비행기표, 항공권 leave 떠나다 return 돌아오다 nonstop 직행의, 직행 운행
round trip 왕복 항공권, 왕복 여행

방을 예약하고 싶어요.

상황극을 통해 역할을 바꾸어 가며 말하는 연습을 해봅시다.

Hotel Receptionist

Hello, this is the Cozitel Hotel.
How may I help you?

Company Worker

I'd like a twin room for 3 days from March 10th.
What is the daily rate?

Hotel Receptionist

If you'd like a room with an ocean view,
it would be $150 per day.

Company Worker

Do you have any other cheaper room?

호텔 리셉셔니스트: 안녕하세요, 코지텔 호텔입니다. 어떻게 도와드릴까요?
회사원: 3월 10일부터 3일간 트윈 룸을 예약하려고요. 숙박 요금이 하루에 얼마인가요?
호텔 리셉셔니스트: 바다가 보이는 방을 원하신다면, 하루에 150달러입니다.
회사원: 좀 더 저렴한 방은 없나요?

 표현 사전

twin room 트윈 룸(한 쌍의 침대가 있는 객실) daily 하루, 일일 rate 요금 cheap 싼

UNIT 18
출국 & 입국 (Departure & Arrival)

Unit 18 MP3

그림으로 익히는 필수 표현

설렘이 가득한 공항에서

여행으로 가든 출장으로 가든 목적은 달라도 공항에 도착하면 왠지 설레고 들뜬 기분입니다.
사람들로 북적이는 공항에는 무엇이 있는지 돌아봅시다.

MP3 Unit 18_1

	표현	뜻
①	duty free shops	면세점
②	luggage	짐(수하물)
③	carry-on luggage	기내 수하물
④	waiting lounge	대기실
⑤	check-in counter	체크인 카운터
⑥	airline staff	지상직 승무원(항공사 직원)
⑦	baggage conveyors	수하물 컨베이어
⑧	destination boards	행선지 표시판

실전 표현

한국에서 출국을 할 땐 한국어로 승무원과 대화할 테니 외국 공항의 입국 심사부터 출장을 마치고
다시 한국으로 돌아올 때까지 해외 공항에서 유용하게 쓸 수 있는 표현들을 살펴봅시다.

입국 심사 통과하기 방문 목적이 무엇인가요?

 Immigration Officer 방문 목적이 무엇인가요?   MP3 Unit 18_2

Hi. Your boarding pass and passport, please.
What is the purpose of your visit?
Where are you going to stay?
How many people are you traveling with?
Have a safe trip.
How long will you be staying?
Have you ever been here before?
Is this your first time visiting here?
Are you traveling alone?

안녕하세요. 탑승권과 여권 부탁드립니다.
방문 목적이 무엇인가요?
어디에 머물 예정인가요?
몇 명과 함께 여행하고 있나요?
안전한 여행 되세요.
얼마나 오래 머물 예정인가요?
이곳에 방문하신 적이 있나요?
이곳에 방문하는 게 처음인가요?
혼자 여행하시나요?

 Joanne선배의 회사생활 TIP

출장을 위해 비행기를 타기 전, 이용하게 될 항공사의 수하물 규정을 미리 확인해보는 것은 필수!
항공사마다 각기 다른 수하물 규정이 있으니, 허용되는 수하물의 개수와 무게를 반드시 해당 항공사의 웹사이
트를 통해 확인할 것. 자칫 잘못하여 용량 초과나 개수 초과의 재앙이 발생하는 경우, 생각보다 큰 돈을 지불해
야 할 수도 있다. 더불어, 항공사마다 기내에서 제공하는 무료 음료와 서비스도 다르기 때문에, 여유가 있다면
보다 안락한 비행을 위해 이 점도 미리 체크해보는게 좋다.

💬 Company Worker 5일간 있을 예정입니다.

MP3 Unit 18_3

I'm on a business trip.
I'm here for 5 days at the Cozitel Hotel.
I'll be in New York for a week.
I'm here with two of my coworkers.
I have nothing to declare.
I have things to declare.
This is my first (second) time.

출장 중입니다.
이곳에서 5일 동안 코지텔 호텔에 머물 예정입니다.
뉴욕에는 일주일간 있을 겁니다.
저는 이곳에 두명의 동료와 함께 왔습니다.
신고할 게 없습니다.
신고할 게 있습니다.
첫 번째 (두 번째) 방문입니다.

Joanne's 표현 노트

방문 인원수 표현
- (I'm) by myself. (저는) 혼자 왔습니다.
- (There are) 4 (of us). (저희는) 4명입니다.

💬 Company Worker 제 가방이 없어졌어요.

MP3 Unit 18_4

Where is the baggage claim?
I've been waiting for 30 minutes here and can't find my bag.
I think someone took my bag.
How can I find my bag?
I need to report a missing bag.
Could you check where my bag is?

수하물 찾는 곳이 어디인가요?
이곳에서 30분째 기다렸는데 제 가방을 찾을 수가 없어요.
누군가가 제 가방을 가져간 것 같아요.
제 가방을 어떻게 찾을 수 있죠?
분실된 가방을 신고해야 해요.
제 가방이 어디에 있는지 확인해주시겠어요?

Airport Staff 전화 드리겠습니다.

MP3 Unit 18_5

I guess one of the passengers accidently took your baggage.
We'll call the person and when we find your bag, I'll let you know immediately.
Please write your name and contact information.
We're terribly sorry for the inconvenience.
We can also deliver it to your destination with no cost.
I'm sorry, but your bag is on the next flight.

다른 승객들 중 한 분이 실수로 손님의 가방을 가져간 것 같아요.
저희가 그 사람에게 전화를 해서 가방을 찾으면, 바로 알려드리겠습니다.
성함과 연락처를 적어주세요.
불편을 끼쳐 매우 죄송합니다.
또한 저희가 (추가)비용 없이 가방을 목적지까지 배송해드릴 수도 있습니다.
죄송하지만 고객님의 가방은 다음 비행기로 이동 중입니다.

해외 공항에서 출국하기 부칠 짐은 2개입니다.

Company Worker 부칠 짐은 2개입니다.

MP3 Unit 18_6

Hi. I'm checking in for my flight to Seoul at 1 p.m.
I have two suit cases to check.
This is my carry-on bag.
Can I change my seat to an aisle seat (a window seat)?

오후 1시 서울행 항공편을 위해 체크인 하려고요.
2개의 여행 가방을 부쳐야 합니다.
이건 기내 수화물 가방입니다.
통로 (창문) 쪽 좌석으로 자리를 변경할 수 있을까요?

Ground Crew 가방이 용량 초과입니다. MP3 Unit 18_7

How many bags are you checking?
Please put one at a time on the scale.
Your luggage is overweight.
Your carry-on looks a little big.
Please put your carry-on in the bag size frame cage.
You need to pay extra for going over the weight limit.

짐을 몇 개 부치시나요?
저울 위에 한 개씩 올려주세요.
가방이 용량 초과입니다.
기내 수화물 가방이 조금 커 보이네요.
기내 수화물 가방을 가방 크기의 틀에 넣어주세요.
무게 제한을 초과하신 것에 대해 추가 금액을 내셔야 합니다.

기내 안에서 펜 좀 빌려주시겠어요?

Company Worker 펜 좀 빌려주시겠어요? MP3 Unit 18_8

Can I borrow a pen, please?
Can I have some water (juice, coke, wine, seltzer water), please?
Can I get an extra pillow (blanket, slippers), please?
I've requested a vegetarian meal.
Do you have new headphones? These don't work.
Can you give me the customs declaration card?
Do you have some headache pills (pain killer)?

펜 좀 빌릴 수 있을까요?
물 (주스, 콜라, 와인, 탄산수) 좀 주시겠어요?
여분의 베개 (담요, 슬리퍼) 좀 주시겠어요?
저는 채식 주의자용 식사를 요청했어요.
새로운 헤드폰이 있나요? 이게 작동이 안되네요.
세관 신고서 좀 주시겠어요?
두통약 (진통제) 좀 주시겠어요?

💬 Flight Attendant 금방 돌아오겠습니다.

MP3 Unit 18_9

Would you like chicken or beef?

Anything to drink?

Sure. I'll be right back.

Here you are(go).

Is there anything I can help you with?

What can I do for you?

(식사는) 치킨으로 하시겠어요, 아님 소고기로 하시겠어요?

마실 것 좀 드릴까요?

물론이죠. 금방 돌아오겠습니다.

여기 있습니다.

제가 도와드릴 일이 있을까요?

무엇을 도와드릴까요?

💼 Joanne선배의 회사생활 TIP – 공항에서 수화물을 분실했을 때

공항에서 아무리 기다려도 짐 가방이 나오지 않아 당혹스러운 경우가 생길 수 있다.

항공사의 실수로 가방이 다른 지역으로 가버렸거나 다음 편 비행기에 오는 경우도 아주 드물지만 더러 있다. 요즘엔 비슷한 짐 가방 디자인이 많기 때문에 황당하게도 다른 사람이 오해하여 내 가방을 가져가기도 한다. 항상 짐 가방에 붙이는 이름표에 이름을 정확히 쓰도록 하자.

만약 짐이 안 나오거나 바뀌었다고 판단될 경우, 수하물 찾는 곳을 벗어나지 말고 최대한 빨리 분실물 센터에 알려야 만일의 경우 보상을 받을 수 있고, 찾았을 경우 집으로 무료 배송도 받을 수 있다. 공항 밖으로 벗어나 전화로 알리는 경우, 본인 과실로 판단해 항공사 또는 공항의 도움을 받을 수 없을지도 모르니 참고!

STEP 3 실전 롤플레잉

롤플레잉 연습하기

롤플레잉(상황극 훈련)을 통해 STEP 2에서 배운 표현을 완벽히 익혀봅시다.

 5일간 있을 예정입니다.

MP3 Unit 18_10

상황극을 통해 역할을 바꾸어 가며 말하는 연습을 해봅시다.

Immigration Officer

Hi. Your boarding pass and passport, please.
What is the purpose of your visit?

I'm on a business trip with two of my coworkers.
We'll be here for 5 days at the Cozitel Hotel.

Company Worker

Immigration Officer

Alright. Have a safe trip.

이민관: 안녕하세요. 탑승권과 여권 부탁드립니다. 방문 목적이 무엇인가요?

회사원: 저는 두명의 동료와 함께 출장 중입니다.

저희는 이곳에서 5일 동안 코지텔 호텔에 머물 예정입니다.

이민관: 알겠습니다. 안전한 여행 되세요.

 표현 사전

boarding pass 탑승권 passport 여권 purpose 목적, 의도 visit 방문 business trip 출장
coworker 동료

소고기로 주세요.
상황극을 통해 역할을 바꾸어 가며 말하는 연습을 해봅시다.

Flight Attendant

Would you like chicken or beef?

Beef, please.
Oh, can I also get an extra pillow, please?

Company Worker

Flight Attendant

Sure. I'll be right back.
Is there anything I can help you with?

No, thanks. I appreciate it.

Company Worker

승무원: 치킨으로 하시겠어요, 아님 소고기로 하시겠어요?
회사원: 소고기로 주세요. 아, 여분의 베개도 좀 주시겠어요?
승무원: 물론이죠. 금방 돌아오겠습니다. 제가 더 도와드릴 일이 있을까요?
회사원: 아니요, 괜찮습니다. 감사합니다.

 표현 사전

extra 여분의, 추가의 pillow 베개 be right back 곧 돌아오다 appreciate 고마워하다

UNIT 19
호텔 체크인 & 체크아웃 (Hotel Check-in & Check-out)

Unit 19 MP3

STEP 1

그림으로 익히는 필수 표현

체크인 할게요.

호텔에 도착했네요. 안내 데스크 앞에 줄을 섭니다. 호텔의 체크인 시간이 지났다면 바로 키를 받아 방으로 올라가면 되겠지만 아직 체크인 시간이 안되었다면 짐을 좀 맡기고 커피라도 한 잔 하면 좋겠네요. 차례를 기다리면서 호텔 리셉션에는 무엇이 있는지 살펴볼까요?

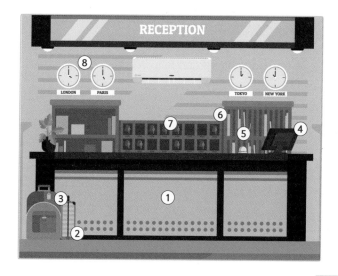

MP3 Unit 19_1

	표현	뜻
①	check-in desk	체크인 데스크
②	luggage	짐
③	leave (keep) the baggage	가방을 맡기다
④	desktop monitor	데스크톱 모니터
⑤	bell	종
⑥	file cabinet	파일 보관함
⑦	key locker	열쇠 보관함
⑧	different time zones	여러 시간대

STEP 2 실전 표현

아직 호텔 체크인과 체크아웃이 어색하신 분들도 많으시죠? 지금부터 간단한 호텔 투숙용 필수 영어 표현들을 차근차근 배워봅시다.

호텔에 체크인하기 체크인 하려고요.

💬 **Company Worker** 체크인 하려고요. `MP3 Unit 19_2`

I need to check in now, please.
I have a reservation for Claire Martinez.
What time is check in?
Can I check in early?
Can I change my room to a bigger one (a more quiet room)?

체크인 하려고요.
클레어 마르티네즈라는 이름으로 예약했습니다.
체크인 시간이 언제인가요?
일찍 체크인 할 수 있을까요?
제 방을 조금 더 큰 방으로 (더 조용한 방으로) 바꿀 수 있을까요?

💬 **Hotel Receptionist** 손님, 예약하셨나요? `MP3 Unit 19_3`

Do you have a reservation, ma'am?
May I see your ID or passport please?
May I see your credit card that you used for the reservation?
I can check you in a little early now.
You're all set. Your room is ready now.
The room number is 1012 on the 10th floor.

손님, 예약하셨나요?
신분증이나 여권을 볼 수 있을까요?
예약 때 사용하셨던 신용카드를 볼 수 있을까요?
조금 일찍 체크인 해드릴 수 있습니다.
다 되셨습니다. 방이 이제 준비되었습니다.
방 번호는 10층의 1012호입니다.

💬 Company Worker 부탁이 있어요.

MP3 Unit 19_4

Where should I drop my bags off?

Can I leave my luggage?

Would you please take my bags to my room?

What time is check out?

Can I check out late?

Can I have a wake-up call at 7 a.m.?

Can I have extra shampoo, conditioner, and towels?

Can you keep my luggage until I come back?

제 가방을 어디에 맡겨야 할까요?

제 가방을 두고 가도 될까요?

방으로 제 가방을 가져와 주시겠어요?

체크아웃 시간이 언제인가요?

체크아웃을 늦게 해도 되나요?

오전 7시에 모닝콜을 해주실 수 있나요?

여분의 샴푸, 컨디셔너, 그리고 수건을 받을 수 있을까요?

제가 돌아올 때까지 가방을 보관해 주실 수 있나요?

Joanne's 표현 노트

추가 부탁 표현
- What's the password for the Wi-Fi? 와이파이 비밀번호가 뭔가요?
- Are there any complimentary drinks? 무료 음료가 있나요?

💬 Hotel Receptionist 안내 데스크에서 맡아드립니다.

MP3 Unit 19_5

We can hold your luggage at the front desk for you.

Please write down your name and cell phone number on the tag.

안내 데스크에서 당신의 짐을 보관해드릴 수 있습니다.

꼬리표에 당신의 성함과 전화번호를 적어주세요.

Joanne's 표현 노트

항의 및 문의 표현
- There's a strong cigarette smell in the room. Can you change the room to another?
  방에서 심한 담배 냄새가 나요. 다른 방으로 바꿔줄 수 있나요?
- The bathroom sink is clogged up. 화장실 세면대가 막혔어요.
- I'm locked out. 문이 안에서 잠겼어요.

💬 Company Worker 체크아웃 하려고요. MP3 Unit 19_6

I need to check out, please.

What's this charge?

I didn't use the minibar*.

I didn't order room service.

Can you hold my baggage, please?

체크아웃 하려고요.

이 요금은 무엇인가요?

저는 미니바*를 사용하지 않았어요.

*미니바 (minibar): (각종 음료와 주류로 채워진) 호텔 객실의 소형 냉장고.
　　　　　　　체크 아웃시 먹은 만큼 추가 부담금을 지불할 수도 있다.

저는 룸 서비스를 주문하지 않았어요.

제 가방을 보관해 주실 수 있을까요?

💬 Hotel Receptionist 지내기 어떠셨나요? MP3 Unit 19_7

How was your stay with us?

You have nothing to pay more.

Here is your bill (receipt).

Check out is all done.

We hope to see you soon.

Sure, your room number?

Could I see your credit card that we authorized upon check in?

지내기 어떠셨나요?

더 결제하실 것이 없습니다.

청구서 (영수증) 여기 있습니다.

체크아웃이 끝났습니다.

곧 다시 뵙기를 바라요.

그럼요, 방 번호가 어떻게 되시죠?

체크인 하실 때 승인된 신용카드를 볼 수 있을까요?

Joanne's 표현 노트

답변 표현

- It was pleasant. 좋았어요.
- It was OK. 괜찮았어요.
- I was unhappy with your service. 서비스에 불만족스러웠어요.

롤플레잉(상황극 훈련)을 통해 STEP 2에서 배운 표현을 완벽히 익혀봅시다.

 체크인 하려고요.

MP3 Unit 19_8

상황극을 통해 역할을 바꾸어 가며 말하는 연습을 해봅시다.

Company Worker

What time is check in?

Hotel Receptionist

Well, we can check you in a little early for you now.

Company Worker

Perfect! I have a reservation for Claire Martinez.

Hotel Receptionist

May I see your ID or passport please? You're all set. Your room is ready now. The room number is 1012 on the 10th floor.

회사원: 체크인 시간이 언제인가요?

호텔 리셉셔니스트: 음, 당신을 위해 조금 일찍 체크인 해드릴 수 있습니다.

회사원: 좋아요! 클레어 마르티네즈라는 이름으로 예약했습니다.

호텔 리셉셔니스트: 신분증이나 여권을 볼 수 있을까요? 다 되셨습니다.
방이 이제 준비되었어요. 방 번호는 10층의 1012호입니다.

 표현 사전

check in 체크인하다, 수속을 밟다 early 일찍 reservation 예약 be all set 준비가 되어 있다

지내기 어떠셨나요?

상황극을 통해 역할을 바꾸어 가며 말하는 연습을 해봅시다.

MP3 Unit 19_9

Company Worker

I need to check out, please.

Sure. How was your stay with us?

Hotel Receptionist

Company Worker

It was pleasant. Thank you.

I appreciate it. You have nothing to pay.
Check out is all done.
We hope to see you soon.

Hotel Receptionist

회사원: 체크아웃 하려고요.

호텔 리셉셔니스트: 네. 지내기 어떠셨나요?

회사원: 좋았어요. 감사합니다.

호텔 리셉셔니스트: 감사합니다. 결제하실 것이 없습니다.
체크아웃이 끝났습니다. 곧 다시 뵙기를 바라요.

 표현 사전

check out 체크아웃하다, 나가다 stay 방문, 머무름 pleasant 기분 좋은, 쾌적한
appreciate 고마워하다

UNIT 20
교통 수단 (Transportation)

STEP 1 그림으로 익히는 필수 표현

공항 셔틀은 어디에서 타나요?

만약 공항까지 데리러 올 사람이 없다면 호텔은 공항이나 호텔의 셔틀 버스, 또는 택시를 타고 가는 것이 가장 편하겠죠. 물론, 출장 외 시간엔 버스나 지하철도 이용해 봅시다. 아래 택시 정류장에서 택시를 기다리며 활기찬 출장 일정을 시작해 봅시다.

MP3 Unit 20_1

	표현	뜻
①	taxi, cab	택시
②	trunk	(차의) 트렁크
③	load luggage	짐을 싣다
④	(taxi) driver	(택시) 운전사
⑤	baggage cart, luggage trolley	수하물 카트(수레)
⑥	pay in cash	현금으로 지불하다
⑦	driver's license	운전 면허증
⑧	call a taxi	택시를 부르다

STEP 2 실전 표현

보통 해외 출장은 일정이 빠듯하기 마련이죠. 그래도 여가 시간이 생긴다면 지하철, 버스, 기차 등을 타보는 것도 이색적일 거예요. 공항 버스부터 일반 지하철까지 다양한 교통 수단의 능숙한 이용을 돕는 영어 표현들을 배워봅시다.

교통편 이용하기 공항 셔틀은 어디에서 타나요?

💬 **Company Worker** 공항 셔틀은 어디에서 타나요?　　　　　MP3 Unit 20_2

Where can I take the airport shuttle to the Cozitel Hotel?
Where can I go to take an Uber taxi?
Where is the Ride Share area?
How can I request Uber?
Where is the taxi stand?
Where can I grab a cab?
Where should I go to get a rental car?
Where can I take the rental car shuttle?

코지텔 호텔로 가는 공항 셔틀 버스는 어디서 타나요?
우버 택시를 타려면 어디로 가나요?
라이드 쉐어 구역이 어디인가요?
우버를 어디서 요청할 수 있나요?
택시 승강장이 어디인가요?
택시를 어디서 잡을 수 있나요?
대여한 차는 어디에서 받을 수 있나요?
렌탈카 회사의 셔틀 버스는 어디서 타나요?

 Joanne선배의 회사생활 TIP

차를 미처 대여하지 못했거나, 호텔과 연계된 셔틀 버스 서비스를 알아보지 못했다면 공항의 안내 데스크에 직접 길을 물어보는 방법도 있다. 이 때에는 가고자 하는 목적지의 정확한 주소를 알고 있으면 편리하다. 주소를 보여주며 길을 문의해보자.

- I'm trying to get here. Can you tell me the best way?
  여기에 가려고 합니다. 가장 좋은 방법을 아시나요?
- Do you know the easiest way to get here?
  여기로 가는 가장 쉬운 길을 아시나요?

💬 **Airport Staff 이쪽으로 가시면 됩니다.** MP3 Unit 20_3

Can you see a pharmacy over there?
You can turn right there, then you'll see an escalator going up (down).
Go to Level 2 and pass a catwalk to the parking lot.
There is a pick up zone and you can meet your driver curbside.
Then you'll see the shuttle stop (bus station, train station).

저쪽의 약국이 보이시나요?
거기에서 오른쪽으로 돌면 올라가는 (내려가는) 에스컬레이터가 보일 겁니다.
2층으로 가셔서 건물 사이의 통로를 지나 주차장으로 가세요.
거기에 탑승 지역이 있고 길가에서 운전사를 만날 수 있습니다.
그러면 셔틀 버스 정거장 (버스 정거장, 지하철역)이 보일 겁니다.

묻고 답하기 교통카드는 어디서 살 수 있나요?

💬 **Company Worker 교통카드는 어디서 살 수 있나요?** MP3 Unit 20_4

How much is the fare?
Where should I get off to go to City Hall?
Is the next stop City Hall?
Where can I buy tickets for the subway (bus)?
Where can I buy a transit card?
Where can I buy a tourist travel pass?
Where's the nearest subway station?

(교통) 요금이 얼마인가요?
시청으로 가려면 어디서 내려야 하나요?
다음 역이 시청인가요?
지하철 (버스) 표를 어디서 살 수 있나요?
교통카드를 어디서 살 수 있나요?
관광객 여행 탑승권을 어디서 살 수 있나요?
가장 가까운 지하철역이 어디에 있나요?

💬 **Company Worker** 아니요. 두 정거장 더 가야 됩니다.

No. 2 more stops.
You should go in the opposite direction.
There is a news stand across the street. You can buy the tickets.
You can buy the ticket at any subway station.
The fare is $2.
You need to transfer to line 7 after 3 stops.

아니요. 두 정거장 더요.
반대 방향으로 가셔야 합니다.
길 건너편에 신문 판매대가 있습니다. 티켓을 살 수 있습니다.
어떤 지하철역에서든 표를 구매할 수 있습니다.
요금은 2달러입니다.
세 정거장 뒤 7호선으로 갈아타야 해요.

 Joanne선배의 회사생활 TIP – 미국 출장을 가게 될 경우, 교통편은 2가지가 적합하다.

- **렌터카(Car Rental)**
  여러 지역을 다녀야 하고 이동 거리가 길 경우 차를 대여한다.
  요즘은 대부분의 공항과 렌터카 회사에서 제공하는 무료 셔틀 버스가 연결되어 있어 편리하게 렌터카 회사로
  이동하여 차를 빌릴 수 있다. 차를 대여해서 사용할 때에는 주유와 관련된 조항을 꼼꼼히 확인해야 한다. 빌릴
  때 차있던 만큼 다시 주유해 돌려주기를 원하는 곳도 있고, 단순히 사용한 만큼만 금액을 지불하는 곳도 있다.

- **라이드쉐어(Ride Share Service)**
  차량 공유 서비스(Ride Share Service)와 같이 휴대폰 어플로 간단히 택시를 불러 지정한 장소로
  이동하는 교통편이 더 많아지는 추세다. 일반 택시보다 더 경제적이고 편리한 것은 물론, 목적지에 대해 추가
  적으로 설명하지 않아도 되기 때문에 영어가 익숙하지 않은 사람에게도 편한 서비스이다. 차량의 종류 및 공
  유 시간에 따라 가격을 골라 설정할 수 있어 편리하다.

롤플레잉(상황극 훈련)을 통해 STEP 2에서 배운 표현을 완벽히 익혀봅시다.

공항 셔틀은 어디서 타나요?

MP3 Unit 20_6

상황극을 통해 역할을 바꾸어 가며 말하는 연습을 해봅시다.

Company Worker

Where can I take the airport shuttle to the Cozitel Hotel?

Airport staff

Can you see a pharmacy over there? Turn right there, then you'll see an escalator going up. There is the shuttle stop.

Company Worker

Thank you so much.

회사원: 코지텔 호텔로 가는 공항 셔틀 버스는 어디서 타나요?

공항 직원: 저쪽의 약국이 보이시나요? 거기에서 오른쪽으로 돌면 올라가는 에스컬레이터가 보일 겁니다. 거기에 셔틀 버스 정류장이 있습니다.

회사원: 정말 감사합니다.

표현 사전

shuttle 셔틀(버스)   pharmacy 약국

교통 카드는 어디서 살 수 있나요?

상황극을 통해 역할을 바꾸어 가며 말하는 연습을 해봅시다.

Company Worker

Where can I buy a transit card?

You can buy it at any subway station.

Passerby

Company Worker

Thanks. Where should I get off to go to City Hall?

You should go 2 more stops from here.

Passerby

회사원: 교통카드를 어디서 사나요?

행인: 어떤 지하철역에서든 구매할 수 있어요.

회사원: 감사합니다. 시청으로 가려면 어디에서 내려야 하나요?

행인: 여기서 두 정거장 더 가야 해요.

표현 사전

transit card 교통카드 subway 지하철 station 역, 정거장 stop 정거장

Biz Talk Guide

| 출근부터 퇴근까지, 회사원의 하루를 정리하는 표현 |

출근

- go to work   출근하다
- come to the office   출근하다
- punch in   출근하다

지각

- be(come) late   지각하다, 늦다

점심

- lunch time   점심시간
- have lunch break   점심시간을 갖다

외근

- work outside of the office   사무실 밖에서 근무하다
- be on outside duty   외근을 하다

퇴근

- leave the office   퇴근하다
- leave work   퇴근하다
- call it a day(night)   퇴근하다, 일과를 끝내다
- quitting time   퇴근 시간
- wrap up   마무리 짓다
- punch out   퇴근하다

야근

- work overtime   (야근 수당이 있는) 야근하다
- work late hours   (야근 수당이 없는) 야근하다
- extra work   잔업
- night duty   야간 근무

회식

- company get-together   회사 회식
- company dinner   (회사의 저녁) 회식
- be at mess, go to mess   회식하다, 회식에 가다

비즈니스 영어 회화 & 이메일

상황별 필수 패턴 50

자기소개

패턴 1-6
MP3

1
My name is ~ from 부서명.
My name is ~ , (and I'm) 직책.
저는 OO 부서의 ~입니다.
저는 OO 직책의 ~입니다.

본문 표현

Unit 1 p. 15

My name is Glenn, the department head.
제 이름은 글렌이고, 부서장입니다.

추가 표현

My name is Jake, and I'm from the finance department.
저는 재무팀의 제이크입니다.

My name is Jennifer, and I'm the manager.
저는 부장 직책의 제니퍼입니다.

2
I'm looking forward to ~ .
I look forward to ~ .
저는 ~하기를 기대합니다, 고대합니다.

본문 표현

Unit 1 p. 16

I'm looking forward to developing my career here.
이곳에서 제 경력을 발전시키길 기대하고 있습니다.

추가 표현

I'm looking forward to designing our new application!
우리의 새로운 애플리케이션을 디자인하는 것이 기대됩니다!

I look forward to working in a new environment.
새로운 환경에서 근무하는 것이 기대됩니다.

3   I'm very good at ~ .
저는 ~을 아주 잘합니다, 저는 ~을 정말 잘해요.

본문 표현
Unit 1 p. 16

I'm very good at working with numbers.
저는 숫자와 관련된 일을 정말 잘합니다.

추가 표현

I'm very good at memorizing all the details.
저는 모든 세부 정보를 정말 잘 기억해요.

I'm very good at managing others.
저는 사람들을 관리하는 것을 아주 잘합니다.

4   I worked for 회사 이름 for OO years.
저는 OO회사에서 OO년 동안 근무했습니다.

본문 표현
Unit 1 p. 17

I worked for ATC Company for 3 years.
저는 ATC 회사에서 3년 동안 근무했어요.

추가 표현

I worked for a marketing company for 10 years.
저는 마케팅 회사에서 10년 동안 근무했습니다.

I worked for Whizz Electronics for almost 5 years.
저는 위즈 전자에서 거의 5년 동안 근무했어요.

상황별 필수 패턴 50 **209**

5   be in charge of ~
~을 담당하다.

Unit 1 p. 18

본문 표현

What type of project are you in charge of?
어떤 프로젝트를 담당하시나요?

추가 표현

I'm in charge of handling customers' complaints.
저는 고객의 항의를 해결하는 것을 담당합니다.

You will be in charge of the upcoming project.
다가오는 프로젝트를 담당하게 될 거예요.

6   I'd like to introduce ~ .
~씨를 소개할게요.

Unit 1 p. 19

본문 표현

I'd like to introduce our new team member, David.
우리의 새로운 팀원 데이빗을 소개할게요.

추가 표현

I'd like to introduce myself.
제 소개를 할게요.

I'd like to introduce my coworker, Tim.
제 동료인 팀을 소개할게요.

패턴 7-13
MP3

7 I'm here to ~ .
저는 ~을 하기 위해 왔어요.

본문 표현 Unit 2 p. 30

I'm here to see Ms. Stone.
스톤씨를 보기 위해 왔어요.

추가 표현

I'm here to discuss some urgent issues.
급한 문제를 논의하기 위해 왔어요.

I'm here to see the owner about a job vacancy.
채용 공고와 관련해 사장님을 만나려고 왔어요.

8 How long ~ ?
얼마나 (오래) ~ 하나요?

본문 표현 Unit 3 p. 37

How long do you work per day?
하루에 얼마나 일하세요?

추가 표현

How long do you think it will take?
얼마나 걸릴 것 같나요?

Do you know how long I should wait?
제가 얼마나 기다려야 하는지 아세요?

9   How do you like ~ ?
~은 어때요?, ~이 맘에 드나요?

본문 표현 Unit 3 p. 36

How do you like your job?
일은 좀 어떤가요?

추가 표현

How do you like the new environment?
새로운 환경은 어때요?

How do you like working with that company?
그 회사와 일하는 건 어때요?

10   I go ~ing.
저는 ~을 해요, ~하러 가요.
(보통 취미나 여가 활동을 말할 때 사용)

본문 표현 Unit 5 p. 59

I go walking / running / swimming / biking.
저는 산책 / 달리기 / 수영 / 자전거 타기를(을) 하러 가요.

추가 표현

I go jogging every morning.
저는 매일 아침 조깅을 해요.

I go camping when I have free time.
저는 여가 시간이 있을 때 캠핑을 가요.

11 Any plans for ~ ?
~을 위한 계획이 있나요?

본문 표현

Unit 6 p. 68

Any plans for this evening (this weekend)?
오늘 저녁 (이번 주말)을 위한 계획이 있나요?

추가 표현

Do you have any plans for the upcoming holiday?
다가오는 공휴일을 위한 계획이 있나요?

Any plans for Christmas?
크리스마스에 어떤 계획이라도 있나요?

12 I was just about to ~ .
저는 막 ~을 하려던 참이었어요.

본문 표현

Unit 14 p. 154

I was just about to get started.
이제 막 시작하려던 참이었어요.

추가 표현

I was just about to ask you some questions.
몇 가지 질문을 하려던 참이었어요.

I was just about to print the report and hand it in to you.
보고서를 프린트해서 당신에게 제출하려던 참이었어요.

13 ~ is not working properly.
~이 잘 작동하지 않습니다.

본문 표현
Unit 10 p. 108

The air conditioner is not working properly.
에어컨이 제대로 작동하지 않아요.

추가 표현

The vending machine is not working properly.
자판기가 제대로 작동하지 않습니다.

The free Wi-Fi is not working properly in my room.
제 방에서 무료 와이파이가 제대로 작동하지 않네요.

전화/이메일

패턴 14-17
MP3

14 This is ~ (speaking).
(전화하는) 저는 ~입니다.

본문 표현
Unit 7 p. 76

Hello, this is Hailey speaking.
안녕하세요, 헤일리입니다.

추가 표현

Hi, this is Heather speaking.
(전화하는) 저는 헤더입니다.

This is June from the marketing department, looking for Chris.
(전화하는) 저는 마케팅 부서의 준이고, 크리스를 찾고 있습니다.

15 May(Could) I speak to ~ ?
제가 ~와 통화를 할 수 있을까요?

Unit 7 p. 75

본문 표현

May I speak to Victoria Ashwood in the marketing department?
마케팅 부서의 빅토리아 애쉬우드씨와 통화할 수 있을까요?

추가 표현

Could I speak to your manager?
당신의 부장님과 통화를 할 수 있을까요?

May I speak to the person who's in charge of web designing?
웹 디자인을 담당하시는 분과 통화를 할 수 있을까요?

16 I'm emailing you to ~ .
~하기 위해 이메일을 드립니다.

Unit 9 p. 97

본문 표현

I'm emailing you to express our interests in your latest products.
당신의 최신 제품에 관심이 있어서 이메일을 드립니다.

추가 표현

I'm emailing you to send my new proposal.
새로운 제안서를 보내기 위해 이메일을 드립니다.

I'm emailing you to announce that we will be closed during the holidays.
공휴일 동안 저희가 휴업임을 알리기 위해 메일 드립니다.

17 I've attached ~.
~을 첨부했습니다.

Unit 9 p. 99

본문 표현

I've attached a new product list.
신제품의 목록을 첨부했습니다.

추가 표현

I've attached a revised contract.
수정된 계약서를 첨부했습니다.

I've attached several documents that may interest you.
당신이 관심을 가질 만한 몇 개의 문서를 첨부했습니다.

요청

패턴 18-23
MP3

18 Can you recommend ~?
~을 추천해줄 수 있나요?

Unit 5 p. 56

본문 표현

Can you recommend a good place for lunch nearby?
근처에 점심 먹을 만한 곳을 추천해줄 수 있나요?

추가 표현

Can you recommend some better products?
좀 더 나은 상품들을 추천해줄 수 있나요?

Can you recommend any suppliers with reasonable prices?
적절한 가격의 공급처를 추천해줄 수 있나요?

19   Is it possible to ~ ?

~하는 것이 가능할까요?, ~할 수 있을까요?

본문 표현 Unit 7 p. 78

Is it possible to visit us sometime next week?

다음 주 쯤 저희에게 방문해주실 수 있을까요?

추가 표현

Is it possible to send me some product lists?

제품 목록을 보내주실 수 있을까요?

Is it possible to see each other next week to make our final decision?

최종 결정을 내리기 위해 다음 주에 만나는 게 가능할까요?

20   I was wondering if ~ .

~이 궁금합니다, ~을 해주실 수 있나요?

본문 표현 Unit 7 p. 79

I was wondering if you could email me the documents.

문서를 이메일로 전송해주실 수 있을지 궁금합니다.

추가 표현

I was wondering if you offer any discounts.

할인을 제공하는지 궁금합니다.

I was wondering if you could tell me how to use this program.

이 프로그램을 어떻게 사용하는지 말씀해주실 수 있나요?

21 Would you mind ~ ?
~해도 괜찮을까요?, ~해주시겠어요?

Unit 8 p. 89

본문 표현

Would you mind helping me with the report?
이 보고서를 쓰는 것을 도와주시겠어요?

추가 표현

Would you mind sharing the document?
문서를 공유해주시겠어요?

Would you mind if I take a day off next week?
제가 다음 주에 휴가를 하루 써도 괜찮을까요?

22 Do you know how to ~ ?
~을 어떻게 하는지 아세요?

Unit 10 p. 109

본문 표현

Do you know how to use this program?
이 프로그램을 어떻게 사용하는지 아세요?

추가 표현

Do you know how to send a notification?
알림을 어떻게 보내는지 아세요?

Do you know how to upload this image on our system?
시스템에 이 이미지를 어떻게 올리는지 아세요?

23 I want you to ~.
저는 당신이 ~해주시기를 바랍니다.

Unit 12 p. 130

본문 표현

I want you to explain your proposals thoroughly.
당신의 제안을 꼼꼼하게 설명해주시길 바랍니다.

추가 표현

I want you to fix this problem.
당신이 이 문제를 해결해주시길 바랍니다.

I want you to come up with a better plan, if possible.
가능하다면 더 나은 계획을 제시해주길 바랍니다.

 업무

패턴 24-32
MP3

24 I'm afraid ~.
~인 것 같습니다, ~이 걱정입니다.

Unit 7 p. 80

본문 표현

I'm afraid I won't be able to make today's meeting.
오늘 회의에 가지 못할 것 같아요.

추가 표현

I'm afraid we might run out of customer gifts.
고객 선물이 다 떨어질까봐 걱정입니다.

I'm afraid this can't be done by tomorrow.
내일까지 이것을 끝낼 수 없을 것 같습니다.

25 It is difficult to ~ .
~하는 것은 어렵습니다.

Unit 12 p. 133

본문 표현

It is difficult to accept your conditions.
당신의 조건을 받아들이기가 어렵습니다.

추가 표현

It is difficult to accommodate everyone's requests.
모든 사람들의 요청을 수용하는 것은 어렵습니다.

I know it is difficult to follow all the directions, but you should still try.
모든 지시사항을 따르기가 어려운 것을 알지만, 그래도 노력해야 합니다.

26 We're pleased to ~ .
저희는 ~하게 되어 기쁩니다.

Unit 12 p. 135

본문 표현

We're pleased to start a good business with you.
당신과(귀사와) 좋은 거래를 시작하게 되어 기쁩니다.

추가 표현

We're pleased to have you as one of our VIP customers.
고객님을 저희의 VIP 고객으로 모시게 되어 기쁩니다.

We're always pleased to answer any questions you may have.
어떤 질문이든 항상 기쁘게 답변해드리겠습니다.

27
How far are you with ~ ?
How far ~ ?
~은 얼마나 진행되었나요?, 어디까지 ~되었나요?

본문 표현

Unit 14 p. 153

How far are you with the proposal?

제안서는 얼마나 진행됐나요?

추가 표현

How far are you with the sales report that's due next week?

다음 주까지인 판매 보고서는 얼마나 진행됐나요?

How far are you along?

일이 얼마나 진행됐나요?

28
I'm stuck on ~ .
저는 ~에 막혔어요, 빠졌어요.
(보통 이해가 잘 가지 않는 부분이 있거나 일의 진행이 더딜 때 사용)

본문 표현

Unit 14 p. 154

I'm stuck on some problems.

몇몇 문제에서 막혔어요.

추가 표현

I'm stuck on this part of the paper.

서류의 이 부분에서 막혔어요. (이해가 가지 않아요.)

I'm now stuck on something right now.

저는 지금 (문제가 되는)무언가에 빠졌어요.

29 I've already P.P. (현재완료).

저는 이미 ~ 했어요.

Unit 14 p. 155

본문 표현

I've already updated the report you requested.

요청하신 보고서 업데이트는 이미 끝냈어요.

추가 표현

I've already gone over all the reports.

모든 보고서의 검토를 이미 끝냈어요.

I've already arranged all the meetings.

모든 회의 일정을 이미 조정했어요.

30 I'll keep ~ing.

계속해서 ~하겠습니다.

Unit 14 p. 156

본문 표현

I'll keep digging.

계속 몰두해(찾아내) 보겠습니다.

추가 표현

I'll keep researching and let you know when I find some good information.

조사를 계속하고 좋은 정보를 찾으면 알려드리겠습니다.

I'll keep working on it, so don't worry.

계속해서 진행할 테니, 걱정 마세요.

31 The deadline is ~ .
마감일은 ~입니다.

Unit 14 p. 159

본문 표현

The deadline is Friday, April 25th.
마감일은 4월 25일 금요일입니다.

추가 표현

The deadline was extended.
마감일이 연장됐어요.

The deadline is by next Friday.
마감일이 다음 주 금요일입니다.

32 Unfortunately, we are unable to ~ .
유감스럽지만, 저희는 ~할 수 없습니다.

Unit 15 p. 163

본문 표현

Unfortunately, we are unable to raise salaries.
유감스럽지만, 급여를 인상할 수 없습니다.

추가 표현

Unfortunately, we are unable to move on to the next step.
유감스럽지만, 다음 단계로 넘어갈 수 없습니다.

Unfortunately, we are unable to accept all the conditions you've asked for.
유감스럽지만, 요청하신 모든 조건을 받아들일 수가 없습니다.

발표/회의

패턴 33-39 MP3

33 The purpose of OO is ~.
OO의 목적은 ~입니다.

본문 표현   Unit 9 p. 97

The purpose of this email is to confirm the orders and invoices.
본 메일의 목적은 주문과 송장을 확인하기 위함입니다.

추가 표현

The purpose of this meeting is to come to a conclusion about the issue.
본 회의의 목적은 안건을 마무리 짓기 위함입니다.

The purpose of this presentation is to explain how we can serve our customers better.
본 프레젠테이션의 목적은 고객들에게 더 나은 서비스를 제공하는 방법을 설명하기 위함입니다.

34 I'll be running ~.
제가 ~을 진행하겠습니다.

본문 표현   Unit 11 p. 117

Hello, this is Olivia speaking, and I'll be running today's conference call.
안녕하세요, 저는 올리비아이고, 제가 오늘의 컨퍼런스 콜을 진행하겠습니다.

추가 표현

I'll be running this seminar.
제가 이 세미나를 진행하겠습니다.

I'll be running the weekly meeting from now on.
앞으로는 제가 주간 회의를 진행하겠습니다.

35   We all gathered to ~ .
우리는 ~을 하기 위해 모두 모였습니다.

본문 표현
Unit 11 p. 118

We all gathered to talk about next quarter's plan.
다음 분기의 계획에 대해 이야기하고자 모두 모였습니다.

추가 표현

We all gathered to have a brainstorming session.
우리는 브레인스토밍 회의를 위해 모두 모였습니다.

We all gathered to decide how to target new customers.
우리는 새로운 고객들을 어떻게 겨냥할지 결정하기 위해 모두 모였습니다.

36   I'd like to highlight(emphasize) ~ .
저는 ~을 강조하고 싶습니다.

본문 표현
Unit 13 p. 142

I'd like to highlight that word of mouth will definitely increase our sales.
입소문이 분명히 우리의 매출을 증가시킬 것이라는 점을 강조하고 싶습니다.

추가 표현

I'd like to emphasize the power of social media websites.
소셜 미디어 웹사이트의 영향력을 강조하고 싶습니다.

I'd like to highlight the fact that work efficiency is very important.
업무 효율이 아주 중요하다는 사실을 강조하고 싶어요.

상황별 필수 패턴 50 **225**

37

Please look at ~ .
Let's look at ~ .

~을 자세히 봐주세요. ~을 고려해주세요.

본문 표현

Unit 13 p. 143

Please look at the pie chart carefully.

이 원 그래프를 자세히 봐주세요.

추가 표현

Please look at the first design that I came up with.

제가 만든 디자인 초안을 자세히 봐주세요.

Let's look at the downsides of using that program.

그 프로그램을 사용하는 것의 단점을 고려해주세요.

38

Let me summarize ~ .

제가 ~의 요점을 정리해보겠습니다.

본문 표현

Unit 13 p. 144

Let me summarize the main points again.

제가 요점을 다시 요약하겠습니다.

추가 표현

Let me summarize what we've been discussing up until now.

여태까지 우리가 논의했던 것들의 요점을 정리해보겠습니다.

Let me summarize the report in one paragraph.

한 문단으로 보고서의 요점을 정리하겠습니다.

39 Feel free to ~ .
편하게 ~하세요.

Unit 12 p. 134

본문 표현

Feel free to ask any questions before we close the deal.
협상을 끝마치기 전에 질문이 있다면 편하게 해주세요.

추가 표현

Feel free to contact us at any time.
언제든 편하게 연락주세요.

If there is any doubt, please feel free to let me know.
의문 사항이 있다면, 저한테 편하게 알려주세요.

 조언

 패턴 40-42 MP3

40 This is how you ~ .
~하는 방법입니다, 이렇게 ~하면 됩니다.

Unit 8 p. 90

본문 표현

This is how you forward an email.
이렇게 이메일을 전달하면 됩니다.

추가 표현

This is how you write a report with no errors.
실수없이 보고서를 쓰는 방법입니다.

This is how you arrange the relevant documents.
관련된 서류를 정리하는 방법입니다.

41 Make sure to ~ .
~하는 것을 잊지 마세요.

Unit 14 p. 156

본문 표현

Make sure to let me know the results after the meeting.
회의 후에 저한테 결과를 알려주는 것을 잊지 마세요.

추가 표현

Make sure to spell check before you send any emails.
어떤 이메일이든 전송하기 전에 맞춤법 검사를 하는 것을 잊지 마세요.

Make sure to finish all the projects before the deadline.
마감일 이전에 모든 프로젝트를 끝내는 것을 잊지 마세요.

42 You'd better ~ .
~하는게 좋을 것 같아요.

Unit 14 p. 155

본문 표현

You'd better double-check all the reports before handing them in.
제출하기 전에 모든 보고서를 다시 한 번 확인하는 것이 좋을 것 같아요.

추가 표현

You'd better upgrade your computer.
컴퓨터를 업그레이드 하는게 좋을 것 같아요.

You'd better not talk behind people's backs.
다른 사람들의 험담을 하지 않는 게 좋을 것 같아요.

출장

43 I'm leaving (on) ~ and returning (on) ~ .
저는 ~에 떠나서 ~에 돌아옵니다.

본문 표현 Unit 17 p. 181

I'm leaving on June 25th and returning on July 2nd.
저는 6월 25일에 떠나서 7월 2일에 돌아옵니다.

추가 표현

I'm leaving tomorrow and returning 3 days later.
저는 내일 떠나서 3일 뒤에 돌아와요.

I'm leaving on July 2nd and returning the following week.
저는 7월 2일에 떠나서 그 다음주에 돌아옵니다.

44 Does it include ~ ?
~을 포함한 것인가요?, ~을 포함한 가격인가요?

본문 표현 Unit 17 p. 182

Does it include tax and service charge?
세금과 봉사료 포함인 가격인가요?

추가 표현

Does it include gratuity?
팁을 포함한 것인가요?

Does it include all the tax and shipping fees?
모든 세금과 배송료를 포함한 가격인가요?

45 Can I pay by(in) ~ ?
~로 결제해도 될까요?

본문 표현
Unit 17 p. 183

Can I pay by credit card?

신용카드로 결제할 수 있나요?

추가 표현

Can I pay in cash if that's possible?

가능하다면 현금으로 결제해도 될까요?

Can I pay by my debit card, if you accept that?

직불 카드를 받으신다면, 그걸로 결제해도 될까요?

46 I'm here for 목적 with ~ .
I'm here for 기간 with ~ .
OO을 위해 ~와 함께 왔습니다.
OO의 기간 동안 ~와 함께 방문했습니다.

본문 표현
Unit 18 p. 188

I'm here for 5 days at the Cozitel Hotel.

저는 이곳에서 5일 동안 코지텔 호텔에 머물 예정입니다.

추가 표현

I'm here for a vacation with my family.

저는 휴가를 위해 가족과 함께 왔어요.

I'm here for a week with my coworkers.

일주일의 기간 동안 동료들과 함께 방문했습니다.

47   I have a reservation for ~ .
~의 이름으로, ~으로 예약했습니다.

Unit 19 p. 195

본문 표현

I have a reservation for Claire Martinez.
클레어 마르티네즈라는 이름으로 예약했습니다.

추가 표현

I have a reservation for tonight.
오늘 저녁으로 예약했어요.

I have a reservation for Min Soo Kim until next week.
다음주까지 김민수라는 이름으로 예약했습니다.

48   Where can I ~ ?
~을 어디서 할 수 있나요?

Unit 20 p. 201

본문 표현

Where can I grab a cab?
택시를 어디서 잡을 수 있나요?

추가 표현

Where can I find the bus stop?
버스 정류장을 어디서 찾을 수 있나요?

Where can I buy some water to drink?
어디서 마실 물을 살 수 있나요?

49 Where should I go to ~ ?
~을 하려면 어디로 가야 하나요?

본문 표현

Unit 20 p. 201

Where should I go to get a rental car?
대여한 차를 받으려면 어디로 가야 하나요?

추가 표현

Where should I go to get some free drinks?
무료 음료를 받으려면 어디로 가야 하나요?

Where should I go to transfer?
환승을 하려면 어디로 가야 하나요?

50 Where is the nearest ~ ?
가장 가까운 ~이/가 어디에 있나요?

본문 표현

Unit 20 p. 202

Where's the nearest subway station?
가장 가까운 지하철역이 어디에 있나요?

추가 표현

Where is the nearest coffee shop around here?
이 근처에 가장 가까운 커피숍이 어디에 있나요?

Where is the nearest pharmacy that I can walk to?
걸어갈 만한 가장 가까운 약국이 어디에 있나요?

상황별
비즈니스 이메일

Cover Letter & Follow-up Letter

Cover Letter(커버 레터)는 이력서와 함께 지원하는 회사에 보내는 이메일입니다. 지원 동기, 회사에 대한 관심, 공고를 접하게 된 계기를 설명하며 지원자의 경력과 능력을 포함합니다. 나를 알리는 첫 얼굴과도 같으므로, 신중하게 작성해야 합니다. Follow-up Letter는 보통 면접 이후 감사의 표현을 전하기 위해 작성하는 메일입니다. 본인의 계획과 비전을 간단하게 포함시키되, 최대한 진솔하고 담백하게 작성하는 것이 좋습니다.

 비경력자 Cover Letter

Dear Ms. White,

I am writing this letter in response to your advertisement published in searchjob.com. I would like to apply for the Marketing Assistant position. I am highly interested in this position, and I sincerely want to work at your company.

I am a recent graduate with a bachelor's degree in social marketing from the University of Texas. I attained some practical experiences during my college years as part of the curriculum in my program. My internship at BIG Media provided some great opportunities for me to develop different social media marketing strategies. From your advertisement, I can see that you are looking for candidates who have excellent skills in the field, and I think I would be the perfect fit for the position.

Together with the cover letter, I have attached my resume for your full consideration. I appreciate your time viewing my application, and it will be such a pleasure for me to attend an interview at your most convenient time.

Sincerely,
Kevin Kim

화이트씨께,

서치닷컴 사이트에 게재된 (구인) 광고와 관련
하여 편지를 드립니다. 저는 마케팅 어시스턴트
(보조) 직책에 지원하고 싶습니다. 해당 직책에
저는 굉장히 관심이 많고, 진심으로 당신의 회
사에서 일하고 싶습니다.

개요 및 동기

· 구인 광고 확인 후 지원을 위해 작성
· 구제척인 지원 분야 명시

저는 최근 텍사스 대학교에서 소셜 마케팅 학
사로 졸업했습니다. 대학시절, 교과 과정의 일
부로 실무와 관련된 경험을 했습니다. 빅 미디
어에서의 인턴 경험은 다양한 소셜 미디어 마
케팅 전략을 발전시키는 좋은 기회가 되었습니
다. 당신의 (구인) 광고를 통해, 그러한 분야에
서 훌륭한 역량을 가진 지원자들을 찾고 있다
는 것을 알았고, 저는 제가 그 자리의 적임자라
고 생각합니다.

세부 사항 & 추가 정보

· 비경력자의 커버 레터인 만큼,
 대학 시절의 실무 경험을 언급
· 해당 경험을 통해 배운점 명시
· 지원하는 직책의 적임자임을 피력

커버 레터와 함께, 당신의 충분한 고려를 위해
이력서를 첨부했습니다. 제 지원서를 읽는 데에
시간을 내주셔서 감사하고, 가장 편하신 시간에
면접을 보게 된다면 정말 기쁠 것입니다.

케빈 김 올림

추후 계획 & 감사 표현

· 이력서 동봉 사실과 미래의 면접
 기회 언급
· 감사의 표현

Cover Letter & Follow-up Letter

 경력자 Cover Letter

Dear Ms. Smith,

I'm writing to apply for the position of Social Media Manager for ABC Company, as advertised on your website. I have three years of experience as a Social Media Assistant for PSW Advertisement, and I believe I am now prepared for manager position.

In your job posting, you mention that you want to hire a Social Media Manager who understands Internet and social media trends. During my time at PSW Advertisement, I constantly ran social media advertisements and increased our follower numbers by over 60 percent.
When I saw your job opening, I knew it was the perfect opportunity to showcase both my social media marketing skills and communication skills.

I've included my resume so you can learn more about my educational background and all my work experience.
Thank you for your time and consideration. Please feel free to email me or call my cell phone at 010-2494-8250. I hope to hear from you soon.

Sincerely,
Jin Wook Park

스미스씨께,

귀사의 웹사이트에 기재된 것처럼, 저는 ABC 회사의 소셜 미디어 매니저 직책에 지원하기 위해 메일을 드립니다. 저는 PSW 광고 회사에서 소셜 미디어 사무원으로 3년간 일한 경험이 있고, 이제 매니저 직책에 준비되었다고 생각합니다.

서론

개요 및 동기
· 구인 광고 확인 후 지원을 위해 작성
· 구제척인 지원 직책 명시

본인 소개
· 본인 소개 및 장점 서론에서 부각:
  실무 경험 강조

해당 채용 공고에서, 당신은 인터넷과 소셜 미디어 트랜드를 이해하는 소셜 미디어 매니저를 고용하고 싶다고 언급하셨습니다. PSW 광고 회사에서 일했던 시간 동안, 저는 지속적으로 소셜 미디어 광고를 운영했고, 팔로워 수를 60% 이상 증가시켰습니다.

귀사의 채용 공고를 보았을 때, 제 소셜 미디어 마케팅 능력과 커뮤니케이션 능력 모두를 보여줄 수 있는 완벽한 기회라고 생각했습니다.

본론

세부 사항 & 추가 정보
· 자격 요건을 자세히 명시
· 구체적 수치와 함께 자격 요건과 관련된 경력 강조

· 구체적인 능력

제 학력과 경력에 대해 좀 더 알 수 있도록 이력서를 첨부했습니다. 당신의 시간과 고려에 감사드립니다. 편하게 이메일 주시거나 제 핸드폰 번호인 010-2494-8250으로 전화주시기 바랍니다. 곧 소식을 들을 수 있기를 바랍니다.

박진욱 올림

마무리

추후 계획 & 개인 연락처
· 이력서 첨부 언급
· 바로 연락이 가능하도록
  개인 연락처 기재

Cover Letter & Follow-up Letter

 Follow-up Letter

Dear Mr.Brown,

Thank you for giving me the opportunity to interview for the position of Accounting Manager yesterday. It was a pleasure to meet you, and I appreciate your time and consideration in interviewing me for this position.

Following our conversation, I feel that I have all the skills and requirements to excel in this job. With five years of experience in the field, I think I would lead the team in a positive and productive way. I am very keen on this role and working for your company ACC.

If you need any further information, contact me anytime at 010-5420-1677. Thank you again for your time and consideration.

Sincerely,
Katie Yoo

브라운씨께,

어제 회계 매니저 직책에 면접 기회를 주신 것에 대해 감사드립니다. 귀하를 만나 반가웠고, 면접을 위한 당신의 시간과 고려에 감사합니다.

본인 소개 & 개요 및 동기

· 어제의 인터뷰 상기를 통한 본인 소개
· 인터뷰 기회의 감사 표현

대화 끝에, 저는 제가 이 일을 잘 해내기 위한 모든 능력과 자격 조건을 갖고 있다고 생각합니다. 업계에서 5년의 경험을 가지고, 저는 팀을 긍정적이고 생산적인 방식으로 이끌 것이라고 생각합니다. 저는 이 직무와 ACC 회사에서 일하는 것에 매우 관심이 있습니다.

본론

주요 목적

· 강점과 자신감 및 비전 재언급
· 회사에 대한 강한 관심 표현

추가적인 정보가 필요하시다면, 언제든 010-5420-1677로 연락 주세요. 다시 한번 당신의 시간과 고려에 감사드립니다.

케이티 유 올림

마무리

개인 연락처 & 감사 표현

· 감사 인사
· 연락처 기재

Dear Ms. White,

I am writing this letter in response to your advertisement published in searchjob.com. I would like to apply for the Marketing Assistant position. I am highly interested in this position, and I sincerely want to work at your company.

서론

I am a recent graduate with a bachelor's degree in social marketing from the University of Texas. I attained some practical experiences during my college years as part of the curriculum in my program. My internship at BIG Media provided some great opportunities for me to develop different social media marketing strategies. From your advertisement, I can see that you are looking for candidates who have excellent skills in the field, and I think I would be the perfect fit for the position.

본론

Together with the cover letter, I have attached my resume for your full consideration. I appreciate your time viewing my application, and it will be such a pleasure for me to attend an interview at your most convenient time.

마무리

Sincerely,
Kevin Kim

비즈니스 이메일은 크게 서론, 본론, 마무리의 3가지 구성으로 이루어집니다.
이메일의 목적과 구체적인 상황에 따라 아래에 있는 모든 세부 항목이 포함되지 않을 수 있지만,
각 구성 별 핵심 요소를 알아봅시다.

서론 (Introduction)

이메일의 시작 부분입니다. 격식 있는 이메일을 위해서 아래의 모든 요소를 포함하는 것이 바람
직하지만, 이전에 연락을 주고받은 기록이 있다거나 가까운 사이라면 서론을 간략하게 하고
바로 본론으로 넘어가기도 합니다.

- 수신자의 이름
- 본인 소개 (이름, 소속 부서, 회사)
- 이메일 개요 및 동기

본론 (Body)

보통 1~3개의 문단으로 해당 이메일의 주요 목적과 관련 사항을 전달합니다.

- 주요 목적
- 관련 세부 사항 및 구체적 설명
- 진행 내역, 추가 정보
- 구체적인 요구 사항 및 관련 일정

마무리 (Conclusion)

마무리 부분에서는 이메일의 끝에 강조해야 하는 사항이나 감사의 말을 덧붙입니다.
경우에 따라 보다 효율적인 소통을 위해 마무리 부분은 짧게 유지하기도 합니다.

- 요점 정리
- 감사의 표현
- 추후 계획, 간략한 일정 및 요청사항
- 발신자의 주석*, 개인 연락처
    *보통 주석은 끝맺음 말 뒤에 '발신자의 이름 // 부서 or 직책, 회사명 // (필요에 따라) 개인 연락처'
    의 순으로 기입합니다.

비즈니스 이메일 서론 & 마무리

상황별 비즈니스 이메일을 본격적으로 학습하기에 앞서, 이메일의 서론과 마무리 부분의 표현을
알아봅시다.

Joanne's 표현 노트

이메일 시작 표현
- Dear Joanne, (이름만 명시)
- Dear Ms.(Mr.) Park, (호칭과 성만 명시)
- Dear Joanne Park, (성과 이름 함께 명시)

'Dear Mrs. Kim, Miss. Prince'과 같이 결혼 여부를 나타내는 표현이나 'To Whom It May Coneren, Dear Sir/
Madam,'과 같이 수신자의 이름을 명확히 밝히지 않는 표현은 사용을 자제합니다.

이메일 마무리 표현
- Regards, / Best regards,
- Sincerely, / Sincerely yours,
- Respectfully, / Respectfully yours,

우리 말의 '00올림, 00드림'에 해당하는 문구입니다. 정중하고 격식 있는 이메일을 위해서는 위 표현을 번갈아
가며 사용합니다. 하지만 'Good luck,'이나 'Cheer up,'등과 같은 비격식 표현이나 'With love,' 혹은 'Your
friend,'처럼 가까운 친구나 지인에게 쓸만한 표현은 사용하지 않습니다.

이메일 필수 표현
- bullet points (점을 찍어 표시한) 중요 항목들
- italics, italicize 이탤릭체의, 이탤릭체로 쓰다
- bold 굵게
- underline 밑줄을 긋다
- indent(ed) 들여 쓰다
- attachment (이메일) 첨부 파일
- CC (Carbon Copy) 참조
- BCC (Blind Carbon Copy) 숨은 참조
- forward (받은 이메일을) 전달하다
- spam 스팸 메일
- cold email 상업적 목적으로 불특정 다수에게 보내는 이메일

첫 이메일

Dear Ms. Linda Prince,

I am Hailey Smith, and I work in the HR department of
BTC Corporation.
It was great to meet you at last night's event.

…

If you have any questions or concerns, please let me know.
(I'm happy to answer all your questions.)

Best regards,
Hailey Smith
HR Manager, BTC Corporation

린다 프린스씨께,

저는 헤일리 스미스이고, BTC 기업의 인사팀에서 일하고
있습니다. 어젯밤 행사에서 귀하를 만나 반가웠습니다.

… (중략)

질문이나 우려 사항이 있으면, 언제든지 알려주세요.
(당신의 모든 질문에 기꺼이 답변해드리겠습니다.)

헤일리 스미스 드림
인사 담당자, BTC 기업

서론

본인 소개 & 개요 및 동기

· 이름, 부서, 회사 등의 개인 소개
· 처음 만난 배경

* 첫 이메일인 만큼, 수신자의 이름과 성을 함께 명시하여 공식적인 이메일 형식을 유지
* 바로 이메일을 마무리하기 보다 질문 사항을 확인하며 친절하게 마무리

비즈니스 이메일 서론 & 마무리

 오랜만의 이메일

Dear Mr. Wilson,

Hope you are doing well.
(Hope everything's going well. / It's been a while.)
It was nice to see you at the international conference last week.

...

I look forward to hearing from you.

Respectfully,
Jasmine Park
Sales Department, Power Ads

윌슨씨께,

잘 지내고 계시길 바랍니다. (모든 일이 잘 되고 있기를 바랍니다. / 오랜만입니다.)
지난 주에 국제 컨퍼런스에서 당신을 만나서 반가웠습니다.

… (중략)

당신의 연락을 기다리겠습니다.

자스민 박 올림
영업 부서, 파워 광고

* 지속적으로 이메일을 주고 받았거나, 오랜만에 연락하는 경우, 수신인의 성만 써도 무방
* 오랜만의 이메일이라면, 상대방의 안부 확인

지속적인 이메일

Dear Kelly,

Thank you for your prompt reply. (Thanks for getting back to me. /
Thank you for contacting our company again!)

…

As always, thank you so much.
(Thank you for your time and consideration.)

Sincerely yours,
Jasmine Lim
Junior Accountant, AC Company

켈리에게,

빠른 회신에 감사해요. (답변해 주셔서 감사해요. / 저희 회사에 다시 연락을 주셔서 감사합니다!)

… (중략)

항상 그렇듯이, 정말 감사드립니다.
(당신의 시간과 고려에 감사드립니다.)

자스민 임 올림
주니어 회계 사원, AC 회사

* 비교적 가까운 사이의 지속적인 연락인 경우, 수신인의 이름만 써도 무방
* 상대방의 답변에 감사를 표하는 방법도 무난하게 이메일을 시작할 수 있는 방법 중 하나!

항의 이메일

앞서 학습한 비즈니스 이메일 서론과 마무리 작성법을 토대로 다양한 상황별 이메일을 구체적으로 살펴봅시다. 이메일로 쉽고 명확하게 항의하는 방법을 알아봅니다.

 ### 오배송 관련 항의

Dear Mr. Wilson,

I'm writing this email to make a complaint about my current order. I placed the order with you on Oct. 21st.

Upon checking the delivery status yesterday, I figured out that my parcel has been lost. When I contacted your CS department, I was informed that my order was shipped to the wrong address. Frankly speaking, this shipping delay has caused much inconvenience for my company.

I hope somebody can handle this issue professionally. Please get back to me as soon as possible.

Sincerely,
Jasmine Park
Office Management, TLC Corp.

윌슨씨께,

현재 제 주문에 대한 항의를 제기하기 위해 이
메일을 드립니다. 저는 10월 21일에 주문을 했
습니다.

서론

개요 및 동기

· 불만 제기를 위한 메일
· 구체적인 주문 접수일 언급

어제 배송 현황 확인 후, 제 소포가 분실된 것을
알았습니다. 제가 고객 서비스 부서에 연락했을
때, 제 주문이 잘못된 주소로 배송되었다고 안
내 받았습니다. 솔직히 말씀드리면, 이러한 배
송 지연은 자사에 큰 불편을 초래했습니다.

본론

세부 사항 & 구체적 설명

· 현황 확인
· 이후 상황 설명: 고객 서비스 부서에 연락
· 실망감 표출

저는 누군가가 이 문제를 전문적으로 해결해주
길 바랍니다. 가능한 한 빨리 다시 연락 부탁드
립니다.

마무리

요점 & 요청 사항

· 문제의 해결 요청
· 추후 연락 요청

자스민 박 올림
사무 관리 부서, TLC 기업

* 배송 및 주문 관련 항의 이메일인 경우, 간략하게 상황을 설명하고, 주문일, 주문 번호 및 송장 번
호를 추가로 명시하면 효율적으로 문제를 해결할 수 있다.

항의 이메일

 제품 결함 관련 항의

Dear Ms. Heather,

I want to express my disappointment with your unsatisfactory service.

I placed some bulk orders for our office supplies on July 24th and received them yesterday. Unfortunately, a number of items are defective and unusable. Therefore, I want to return all the items and get a refund. Please let me know what your refund procedure is.

I hope to hear back from you soon.

Sincerely,
Tim Johnson
Office Manager, Best Company

헤더씨께,

서론

개요 및 동기

귀사의 불만족스러운 서비스에 대해 실망을 표
하고 싶습니다.

· 불만족스러운 서비스에 대한 항의

저는 7월 24일에 사무 용품을 대량 주문하였
고, 어제 상품을 배송 받았습니다. 불행하게도,
많은 물품에 결함이 있고 사용할 수가 없습니
다. 그래서, 저는 모든 물품을 반품하고 환불을
받고 싶습니다. 환불 절차가 어떻게 진행되는지
알려주세요.

본론

세부 사항 & 구체적 설명

· 일련의 과정 설명
· 주문일과 상품수령일 구체적으로 명시

요구 사항

· 환불 요구 및 절차 확인

곧 답변을 받기를 기대하겠습니다.

마무리

추후 계획

· 답장 요청

팀 존슨 올림
사무장, 베스트 회사

---

* 구체적으로 환불이나 교환을 원하는 경우 이를 직접적으로 표출하고, 관련 절차도 꼼꼼하게 확
인하는 것이 좋다.
* 효율적이고 간결하게 의견을 전달하기 위해 마무리는 짧게 유지

항의 이메일

 일정 변경 관련 항의

Dear Courtney Miller,

I just received your email and noticed that the annual international seminar has been canceled.

As far as I know, there was also a schedule change last year as well. As a frequent attendee of the seminar, I am deeply disappointed by how you organized the event.
There must be different attendees coming from overseas like me. Your organization should be aware of the major inconvenience that this sudden cancelation will cause.

I expect a sufficient explanation and a heartfelt apology.
I will be waiting for your reply.

Sincerely yours,
Leslie Choi
Junior Researcher, CHEM Society

코트니 밀러씨께,

저는 방금 당신의 이메일을 받았고, 연례 국제
세미나가 취소되었음을 알았습니다.

서론

개요 및 동기

· 이메일을 통한 일정 취소건 확인

제가 알기로는 작년에도 일정 변경이 있었습니
다. 세미나에 자주 참석하는 사람으로서, 저는
당신이 행사를 준비하는 방식에 깊이 실망했습
니다.
저와 같이 해외에서 오는 다른 참석자들도 분
명 있을 것입니다. 주최측은 이러한 갑작스러운
취소가 초래할 큰 불편에 대해 알아야합니다.

본론

세부 사항 & 구체적 설명

· 과거 비슷한 사건 설명
· 이와 관련된 실망감 표출

충분한 설명과 진심 어린 사과를 기다리겠습니
다. 당신의 답변을 기다리고 있겠습니다.

레슬리 최 올림
주니어 연구원, CHEM 소사이어티

마무리

요구 사항

· 구체적 설명과 사과 & 답변 요구

결과물 관련 항의

Dear Kelly,

Thank you for your prompt reply!

After reviewing the final draft of your advertisement campaign proposal, I don't think it is up to our usual standard. In truth, it seems like the outcome was less than what we expected.

Furthermore, I feel like the person working with us didn't try hard enough to meet our needs. I would appreciate it if you could assign another manager to work on this project.

Please let me know what you think.

Sincerely,
Jill White
Media Coordinator, ABC Media

켈리씨께,

당신의 신속한 답변에 감사드립니다!

당신의 광고 캠페인 제안서 최종안을 검토한
후, 저는 그것이 저희의 통상적인 기준과 맞지
않다고 생각했습니다. 사실, 결과물이 저희가
기대한 것보다 못한 것 같습니다.

게다가, 저희와 함께 일하는 분이 저희의 요구
를 충족시킬 만큼 열심히 일하지 않았던 것 같
습니다. 이 프로젝트를 담당할 다른 관리자를
지정해주신 다면 감사하겠습니다.

어떻게 생각하시는지 알려주세요.

질 화이트 올림
미디어 코디네이터, ABC 미디어

* 간단한 서론 & 마무리의 구조

제안/요청 이메일

공식적으로 사업을 제안하는 첫 이메일부터, 지속적으로 이메일을 주고받는 사이의 다소 간편한 이메일 형식까지 다양한 제안 또는 요청 이메일을 살펴봅시다.

 사업 제안 (첫 이메일)

Dear Ms. Prince,

I am Hailey Smith, and I work in the sales department of BTC Corporation.

I called you a couple of days ago to introduce our products.
As I mentioned, here are some price lines of our best-selling products.
Please see the attachments below to see more information.

I'm happy to answer all your questions regarding our products.
Please let me know if you are interested.

Best regards,
Hailey Smith
Sales Manager, BTC Corporation

프린스씨께,

저는 헤일리 스미스이며, BTC 기업의 영업
부서에서 일하고 있습니다.

본인 소개

· 첫 이메일에 맞는 본인 소개:
  이름, 소속 부서, 회사

며칠 전 저희의 상품을 소개하기 위해 당신에
게 전화를 드렸습니다. 말씀드렸듯이, 저희 회
사에서 가장 잘 판매되는 상품들의 가격표는
이와 같습니다.
더 자세한 내용은 아래의 첨부파일을 확인해주
시기 바랍니다.

주요 목적

· 이메일의 배경과 정보 전달

추가 정보

· 첨부파일 언급

상품에 대한 모든 질문에 기꺼이 답변해 드리
겠습니다. 관심이 있다면 알려주세요.

헤일리 스미스 드림
영업 부장, BTC 기업

* 질문 사항 여부를 확인하며 친절하게 마무리

재고 요청

Dear Kelly,

Thank you for your prompt reply!

I sent you the proposal for creating your new website a few days ago, but I just heard that it has been rejected. I would like to ask you if there is any room for reconsideration on this decision. Please give our proposal a second thought.

We are always ready to accommodate all the different needs of your company. Please take your full time to thoroughly go over the benefits of choosing us.

Thank you for your time and consideration.

Respectfully yours,
Diana Bell
Web Designer, Big Media

켈리씨께,

당신의 빠른 답변에 감사드립니다!

며칠 전 저는 당신에게 당신의 새로운 웹사이트 제작을 위한 제안서를 보냈지만, 방금 그 제안서가 거절되었다고 들었습니다. 이 결정과 관련하여 재고의 여지가 없는지 여쭤보고 싶습니다. 저희의 제안을 재고해주세요.

저희는 항상 귀사의 다양한 모든 요구를 수용할 준비가 되어있습니다. 충분한 시간을 들여 저희를 선택할 때 얻는 혜택을 충분히 검토해주세요.

본론

주요 목적
· 재고 요청

구체적 설명
· 추가 설명을 통한 재고의 여지 확보

당신의 시간과 고려에 감사드립니다.

다이애나 벨 올림
웹 디자이너, 빅 미디어

마무리

감사 표현

회의 일정 제안

Dear Susan,

I'm writing to schedule our meeting regarding our new business plan. Please go over these three options and let me know when is convenient for you.

1. Tuesday, Dec. 14th at 11 a.m.
2. Wednesday, Dec. 15th at 11 a.m.
3. Wednesday, Dec. 15th at 3 p.m.

I hope to get your response by 5 o'clock today. Thanks!

Best,
Amy Ingram

수잔에게,

저희의 새로운 사업 계획과 관련된 회의 일정
을 잡기 위해 이 글을 작성합니다.
세 가지 선택지를 검토해주시고, 언제가 편하신
지 알려주세요.

1. 12월 14일 화요일, 오전 11시
2. 12월 15일 수요일, 오전 11시
3. 12월 15일 수요일, 오후 3시

본론

주요 목적

· 회의 일정 수립

세부 사항

· 가능한 일자와 시간 나열

오늘 5시까지 회신 부탁드립니다.
감사합니다!

에이미 잉그램 드림

마무리

요청 사항

· 구체적인 회신 일정 표기

* 가까운 동료에게 보내는 메일이므로 이름만 명시
* 신속한 의사소통을 위해 서론과 마무리 부분을 간략하게 유지한 비교적 약식의 이메일

업무 요청

Dear Sarah,

I'd appreciate your feedback on the draft of the attached agenda. If you have any suggestions or edits, please send them by tomorrow, Tuesday, by 11 a.m.

Also, please confirm the receipt of this email. Thanks a lot!

Best,
Gemma Heather

사라에게,

첨부된 안건의 초안에 대한 피드백을 주신다면 감사하겠습니다. 만일 제안 사항 혹은 수정 사항이 있다면, 내일인 화요일 오전 11시까지 보내주시기 바랍니다.

본론

주요 목적

· 피드백 요청

요구 사항 및 관련 일정

· 구체적인 요구 사항과 일정 기입

또한, 본 메일의 수신을 확인해주세요.
정말 감사합니다!

젬마 헤더 드림

* 가까운 동료이므로 이름만 명시

마무리

추가 요청 사항

· 수신 확인

사과/거절 이메일

업무를 하다 보면 고객사, 협력사 혹은 다른 부서 사람들에게 사과나 거절의 이메일을 보내야 할 때도 생깁니다. 이메일로 정중히 사과하고 거절하는 방법을 알아봅니다.

 ## 지연 안내 사과

Dear Olivia Hudson,

We apologize for the late reply.

Upon checking the shipping status of your order, the parcel will be delivered no later than Tuesday, Jan. 18th. Due to the ongoing storms in the area, all the shipments have been currently delayed.

We are terribly sorry if this delay has caused any inconvenience for your business. To show our appreciation for your patience, we have attached a $5 coupon for you. You may use it for your next purchase with us.

Please let us know if there's anything else we can do for you. Thank you so much for your understanding.

Sincerely,
Patrick Lao
Manager, UCS shipment

올리비아 허드슨씨께,

답변 지연에 대해 사과드립니다.

서론

개요 및 동기

· 답변 및 일정 지연에 대한 사과 이메일

고객님의 주문 배송 현황을 확인해보니, 소포가 늦어도 1월 18일 화요일까지는 배송될 것입니다. 해당 지역에서 계속되는 폭풍 때문에, 현재 모든 배송이 지연되고 있습니다.

만일 이번 배송 지연이 고객님의 사업에 어떤 불편함이라도 초래했다면 대단히 죄송합니다. 고객님의 기다림에 감사를 표하기 위해, 5달러 상당의 쿠폰을 첨부했습니다. 다음 구매 때 사용하실 수 있을 겁니다.

본론

세부 사항

· 구체적인 현황 및 배경 설명
· 정중한 사과

추가 정보

· 사과의 의미로 보상 방법 안내

저희가 당신을 도울 수 있는 다른 것이 있다면 알려주세요.
이해해 주셔서 정말 감사드립니다.

패트릭 라오 올림
매니저, UCS 수송

마무리

사과

불합격 안내

Dear Andria,

Thank you for applying for the junior marketing position with Power Ads Corporation. We appreciate your interest in our company.

We have received more than 100 applicants for the position, and the hiring process has been very competitive one. Although we were so impressed with your qualifications, we have decided not to move your application forward. We encourage you to re-apply in the future for any open positions for which you qualify.

Best of luck toward your job search.

Best regards,
Eric Thompson
HR specialist, Power Ads corp.

안드리아씨께,

파워 광고 회사의 주니어 마케팅 직위에 지원
해 주셔서 감사합니다. 저희 회사를 향한 당신
의 관심에 감사드립니다.

서론

개요 및 동기

· 지원자를 향한 감사의 인사

해당 직위에는 100명 이상의 지원자들이 지원
하였고, 채용 과정은 매우 경쟁적이었습니다.
당신의 능력에 깊은 감명을 받았지만, 당신의
지원서를 (채용 절차의) 다음 단계로 진행하지
않기로 했습니다. 추후 자격을 갖춘 채용 자리
에 다시 지원해주시길를 바랍니다.

본론

세부 사항

· 채용 과정 설명

주요 목적

· 지원자의 탈락 안내

구직 활동에 행운이 있기를 바랍니다.

에릭 톰슨 드림
인사 전문가, 파워 광고 회사

* 보통 지원자의 불합격을 안내하는 메일의 경우, 최대한 우회적이고 조심스러운 톤을 유지

사과/거절 이메일

 부재중 자동 안내

Thank you for contacting me!

I am currently out of the office for the International Business Conference and will be returning on Thursday, Dec. 28th.

Email access will be limited during this time, and I will be able to respond to your email upon my return. If there's an urgent issue, please contact my colleague Matthew Thomson at matt@mycompany.com. He will be more than happy to help you.

Jennifer Wilson
Media Researcher, Big Mountain

연락주셔서 감사합니다!

현재 저는 국제 비즈니스 회의로 회사의 자리를 비운 상태이며, 12월 28일 목요일에 돌아올 예정입니다.

이 기간 동안 이메일 사용은 제한되며, 제가 돌아온 후 답장을 드릴 수 있을 것입니다. 만일 급한 용건이 있다면, 제 동료인 매튜 톰슨에게 matt@mycompany.com 으로 연락주세요. 그가 기꺼이 당신을 도와줄 것입니다.

본론

주요 목적
· 부재 상황과 추후 일정 안내

세부 사항
· 메일 제한 언급

· 추가 연락처 기입: 급한 상황을 대비.

제니퍼 윌슨
미디어 연구원, 대산

* 부재중 자동 이메일의 경우, 최대한 간략한 형식을 유지하여 작성

영어 왕초보도 하루 10분이면 비즈니스 영어 전문가!

비즈니스 하루 = 영어 10분
Package!

외국계 마케터 출신
시원스쿨랩 비즈니스
대표강사 조앤박

비즈니스 필수문법

영어전화, 화상회의

비즈니스 이메일

영어 프레젠테이션

비즈니스 영어 협상

**비즈니스 영어에 필요한
모든 내용을 한 권에!**

**5종 낱권 구성으로
실무에 꼭 필요한 내용만!**

**하루 10분이면
비즈니스 영어 마스터!**

시원스쿨LAB(lab.siwonschool.com)에서 하루 10분 비즈니스 영어 패키지를 구매하실 수 있습니다.

시원스쿨LAB 강사 라인업

20년 노하우의 오픽/토스/토익/지텔프/텝스/아이엘츠/토플/SPA/듀오링고
기출 빅데이터 심층 연구로 빠르고 효율적인 목표 점수 달성을 보장합니다.

시험영어 전문 연구 조직

시원스쿨어학연구소

시험영어 전문

OPIc/TOEIC Speaking/
TOEIC/G-TELP/TEPS/IELTS/
TOEFL/SPA/Duolingo
공인 영어시험 콘텐츠 개발 경력
20년 이상의 국내외
연구원들이 포진한
전문적인 연구 조직입니다.

기출 빅데이터

본 연구소 연구원들은
매월 각 전문 분야의 시험에 응시해
시험에 나온 모든 문제를
철저하게 해부하고,
시험별 기출문제 빅데이터 분석을 통해
단기 고득점을 위한
학습 솔루션을 개발 중입니다.

264,000시간

각 분야 연구원들의 연구시간
모두 합쳐 264,000시간
이 모든 시간이 쌓여
시원스쿨어학연구소가
탄생했습니다.

토스
900% 환급반

*제세공과금, 교재비 제외

쉽게 환급을 받을 수 있는 시원스쿨랩의 900% 환급반 비교할 필요가 없습니다.

시원스쿨LAB 토스

✓ 토스 전 강좌 무제한 수강

✓ 달성 못하면 50% 환급 or 200일 추가 연장

✓ 목표 달성하면 응시료 지급

토익스피킹 최고 등급 달성한
시원스쿨LAB 수강생의 후기!

여러분도 할 수 있습니다!

토익스피킹 190점 달성

선생님의 강의률 들으면서, 만사형통 팁 등을 숙지하였고
토스 고득점을 받을 수 있었습니다.

100% 환급

오픽 진짜학습지
PACKAGE

하루 3문제로 목표 달성하고 **100%+응시료** 환급 받자!

Check 01

오픽 시험 주관사 멀티캠퍼스와 함께 제작한

전문성, 신뢰성 있는
오픽 실전형 학습지

Check 02

주별 낱권 구성으로 1주 1권, 하루 3문제로

완성하는 실전형 학습지

Check 03

이론은 간소화하고 핵심만 쏙!

내가 원하는 목표레벨을
선택하여 집중 공략